Menschen sind *auch nur Gärtner*

Menschen sind *auch nur Gärtner*

Freche *Gartengeschichten*

von *Ute Woltron*

Christian Brandstätter Verlag

Inhaltsverzeichnis

Für die Schönheit gärtnern?
Auch – aber sicher nicht nur.
Was wir wollen, ist eine fette Ernte.
Wir wollen Kartoffeln und Radieschen
und anderes Grünzeug in rauen Mengen.
Und dazwischen dürfen Blumen sein.

Säen
& Ernten

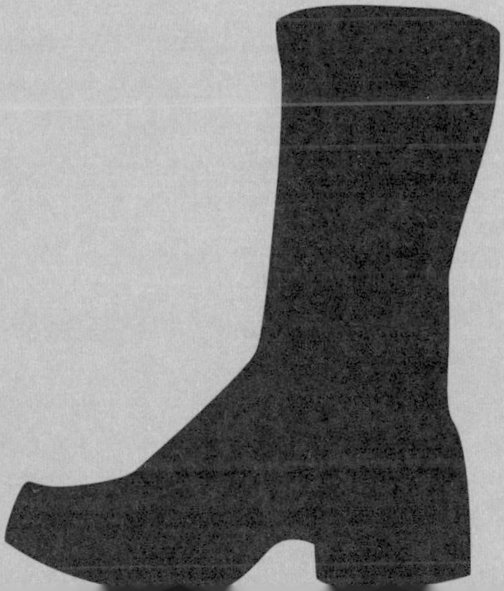

Ein Bad für die Saat

*Pflänzchenziehen kann jeder,
Kamillenbäder oder Baldrianblütenextrakt
braucht keiner dafür.*

Ein nicht unerheblicher Teil der österreichischen Bevölkerung befindet sich alljährlich spätestens im Frühling in rauschartigen Zuständen, die durch den Inhalt kleiner, bunter Papiersäckchen ausgelöst werden, welchselbige ab diesem Zeitpunkt in Geschäften und Supermärkten auftauchen. Die Gebrauchsanweisungen befinden sich auf der Rückseite und müssen unbedingt beachtet werden, denn wer will schon Nebenwirkungen wie „Verkrüppelung“, „Aufplatzen“ oder „Beinigkeit“ riskieren oder verheißungsvolle Zustände wie „neuerliches Durchtreiben“ verhindern? Doch alles in Maßen bitte.

Das Vorziehen von Pflanzen aller Art hat ab Februar Hochsaison, und offenbar sind wir nach wie vor ein Volk, das seine ruralen Wurzeln nicht zu verleugnen gedenkt. Denn sogar in der großen Stadt Wien quellen die Supermärkte über von Samenpäckchenständern, und die Aussichten sind verheißungsvoll. Zum Beispiel die Karotten: „Diese Portion“, so verspricht der Beipacktext der im Übrigen für Ungeduldige äußerst empfehlenswerten, weil frühen Sorte „Nantes 2“, „bringt bei guter Kultur ca. 50 kg Ertrag.“ Na bitte! Oder die Petersilie: „Diese Portion bringt bei guter Kultur, je nach Saatzeit und Anzahl der Schnitte, bis zu 6 kg frische Grünmasse pro Jahr.“

Wer soll das alles essen? Und wo sollen diese Massen von Tomaten („30 kg“), Radieschen („500 Stück“) und anderem Gemüse-Allerlei sprießen? Völlig egal, es geht ja hauptsächlich um die Freude am Experiment und an der lebendigen Kreatur. Doch während die Landmenschen mit einer gewissen generationenüberdauernden Gelassenheit an die Aufzucht und Hege herangehen, sprich, die Samen einsetzen, gießen, wachsen lassen und nach den Eisheiligen im Mai auspflanzen, schreiten die gelegentlich dem Perfektionswahn verfallenen Städter nicht selten mit der wissenschaftlichen Akribie des Dilettanten zur Tat. *Dilettare* ist ein Wort des Lateinischen und bedeutet „sich ergötzen“ – nur um hier keine falschen Assoziationen der Häme aufkommen zu lassen.

„Hast du die Anzuchterde schon gebacken?“, wird man da beispielsweise besorgt gefragt, weil in irgendeinem der ungefähr 385 neu erschienenen Gartenratgeber nachzulesen ist, dass Anzuchterde durch kurzes Schockerhitzen im Backrohr keimfrei gemacht werden kann. Nein, so die Antwort, es geht auch ohne Energieverschwendung, wir ziehen hier hundsordinäre Pflanzen groß, keine vom Aussterben bedrohten Orchideenarten.

Auch die überkandidelte Behandlung von Saatgut mittels so genannter Saatbeizen mag bei den Strebern unter den Kleingärtnern für beruhigte Nachtruhe sorgen. Ob es denn wirklich notwendig ist, Erbsen- und Bohnensamen mit Kamillenbädern und Zwiebeln und Tomaten mit Baldrianblütenextrakten zu behandeln, darf zumindest in Frage gestellt werden. Wie auch immer. Die Gartenaccessoireindustrie lebt vorzüglich von den Freaks, weil zum Beispiel diese schicken, kleinen und beheizbaren Aufzuchtkistchen machen schon was her, keine Frage.

Die Bauerngärtnerin meines Vertrauens braucht das alles nicht. Sie sät aber, wie schon ihre Uromama, und jetzt bitte nicht erschrecken, nach den Gesetzen des Mondes – wobei sie keinen neumodischen Mondkalender braucht, weil Blatt- und Blütentage, auf- und absteigende Häuser sind ihr unbekannt. Bei ihr kommt, was Frucht über der Erde trägt, bei zunehmendem, was Frucht unter der Erde trägt, bei abnehmendem Mond als Samen in die Erde. Das funktioniert bei ihr immer. Warum das so ist? Keine Ahnung.

Tipp:
Viele Pflanzen wollen eigentlich gar nicht vorgezogen werden, sondern können gleich im Garten gesät werden, mitunter schon im Spätsommer. Wer ein wenig Wildnis im Beet erträgt, fährt sehr gut mit der Methode selbst Aussäen und Wachsen lassen. Also im späteren Sommer nicht pedantisch alles Verblühte abschneiden, sondern Samen ausfallen lassen. Viele Pflanzen suchen sich gern ihre Plätze selbst. Wem's zuviel wird, der darf später dann auszupfen.

Mohnsüchtig

Wir sehen rot, wenn die flüchtigste aller Blüten endlich wieder Hochsaison hat.

Der Klatschmohn, so sagt man, blüht dann, wenn der Frühling in den Frühsommer übergeht. Das ist eine flüchtige Phase und wert, bewusst und in vollen Zügen genossen zu werden.

Ende Mai, Anfang Juni ist die Natur fett und saftig wie sonst im ganzen Jahr nie mehr. Der Weizen steht schon ziemlich fesch da, es regnet günstigerweise oft, alle Blätter sind noch knackig frisch und wie lackiert, und in dieser grünsten Zeit des Jahres blüht die Blume mit dem intensivsten Rot: der Klatschmohn.

Er tüpfelt seine Farbe in die Felder und überzieht ganze Erdhügel und Brachen mit verschwenderischen Farborgien. Prachtvoll! Überall, wo Erde frisch aufgegraben wurde, taucht er auf, weil er sich dort als Pionierpflanze am wohlsten fühlt. Trocken muss es sein, und am besten lehmig, dann gedeiht er am besten.

Der Mohn ist eine magische Pflanze, ein fluchtiges, zartes Gewächs, und seine Blüten sind nicht einzufangen. Wer ihn pflückt, hält binnen weniger Minuten einen welken, toten Strauß in Händen. Deshalb gehen seine Liebhaberinnen und Liebhaber später im Sommer, wenn die Mohnkapseln ausgereift sind, auf Fluren und Felder, sammeln die Samen ein und streuen sie in ihren Gärten aus.

Der Klatschmohn siedelt sich dort an, wo es ihm gefällt, und wer ihn einmal im Garten heimisch gemacht hat, darf sich alljährlich wieder überraschen lassen, wo es ihm denn diesmal belieben wird, aufzugehen und die Szenerie in einen kurzen, intensiven Farbenrausch zu tauchen. Und die ganz Aufmerksamen werden dann bemerken, dass auch der Klatschmohn in blasseren und farbintensiveren Varianten vorkommt, dass Mohnrot nicht gleich Mohnrot ist, dass es sogar zart ins Lila spielende Blüten gibt und hellorange Abkömmlinge.

Die berechenbareren Mohnvarianten kommen vom Verwandten: Neben dem wilden Mohn gibt es für Gärtner natürlich die diversen Zuchtformen des sogenannten Türkenmohns, *Papaver orientale*. Dieser ist im Gegensatz zum Klatschmohn mehrjährig, hat nicht nur riesige Blüten mit bis zu zehn Zentimeter Durchmesser, sondern auch ein durchaus ansehnliches Laub, das über den Sommer allerdings etwas struppig wird. Am besten, man pflanzt ihn strategisch zwischen andere Blütenstauden.

Aber Achtung: Auch er mag keine Staunässe und verträgt eher trockene Böden. Und er will, wenn er einmal Wurzeln gefasst hat, nicht mehr umgepflanzt werden.

In Sachen türkischer Mohn darf aus dem Vollen der Farbskala geschöpft werden. Neben den klassisch mohnroten Sorten gibt es beispielsweise auch cremeweiße mit lila Staubgefäßen, solche in hellem Rosa oder dunklem Violett, oder die ganz orangen Varianten. In jedem Fall ist die Türkenmohnblüte eine bis zu einem Meter hohe Sensation an seidenpapierknittrigem Entfalten und Blühen, das aber, wie gesagt, von flüchtiger Kürze ist.

Selbstverständlich kann auch der Türkenmohn über Samen vermehrt werden, das ist allerdings ein bisschen schwierig und nur Fortgeschrittenen anzuraten. Die feinen Pflänzchen müssen vorgezogen und pikiert werden, sie vertragen das Umsetzen nur schlecht, und außerdem erlebt man, so die Pflanzen tatsächlich überlebt haben und zur Blüte kommen, die unberechenbarsten Farbspiele. Wer derlei Überraschungen nicht schätzt, muss sortenreine Samen kaufen und einiges an Sorgfalt aufbringen.

Oder im Frühling direkt ins Beet die Samen des kleinen, ebenfalls einjährigen Islandmohns ausstreuen. Der blüht ebenfalls in allen Farben, von Weiß, Cremegelb bis Orange und Rot.

Tipp:
Hierzulande erlaubt, in Deutschland aber verboten ist die Zucht und Hege des Schlafmohns, Papaver somniferum. Das ist jener, mit dessen Kapselmilchsaft andernorts bekannterweise illegale Geschäfte gemacht werden. Der Schlafmohn ist im Gegensatz zum Türkenmohn einjährig, wird bis zu 1,5 Meter hoch und blüht ebenfalls berauschend schön weißlila. Er ist an seinem glatten, blaugrauen Laub zu erkennen und daran, dass sich die Blütenknospen aus einer schläfrigen Hängeposition aufrichten, bevor sie sich endgültig für kurze Stunden öffnen.

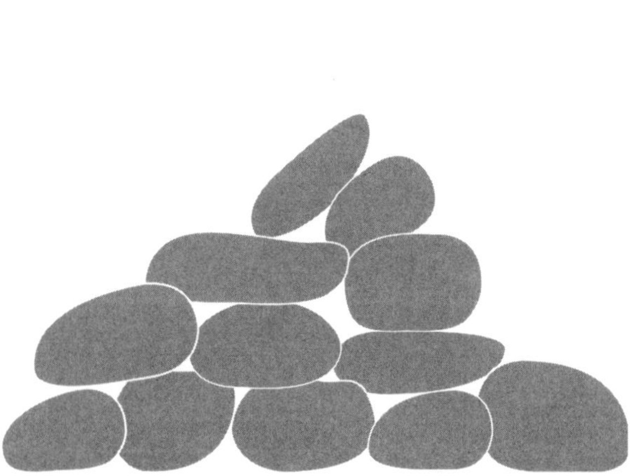

Wo ist Sieglinde?

Wir Kartoffelliebhaberinnen und Liebhaber sind ständig auf der Suche – und zwar nach ordentlichen Saatkartoffeln.

Mitte bis Ende April müssen die Kartoffeln gelegt werden, im besten Fall hat der Boden dann schon mindestens sieben Grad: Damit sie sich nicht schrecken und verkühlen, die Guten. Eigentlich sollten die Knollen jetzt schon nicht zu hell und nicht zu warm in Kisten aufgebreitet mit vielen Äugelein den Austrieb vorüben. Aber treib einmal einer überhaupt die Sorten auf, die man haben will!

Kartoffeln, Meingott! meckern die Barbaren. Gibt's sowieso im Supermarkt jede Menge. Exakt. Jede Menge, und das in drei erbärmlichen, nachgerade konsumentenverdummenden Varianten: „Festkochend", „vorwiegend festkochend" und „mehlig" – und letztere auch nur, wenn man Glück hat, weil wirklich mehlige Kartoffeln werden langsam echt Mangelware. Für diejenigen, die der Handel für ganz bescheuert hält, schreibt er „geeignet für Salate" oder „Beilagen" auf die Tüten, als ob wir uns nicht mehr erinnern könnten, wie das funktioniert in der Küche mit Sigma, Ditta, Agria und Co, als ob wir nicht wüssten, woraus gute Kartoffelsalate einerseits und woraus Kartoffelknödel andererseits gekocht werden – dazwischen liegen selbstverständlich sortentechnische und kulinarische Welten.

Aber – es sagt uns ja keiner mehr, welche Sorte wo drin ist. Bewährte Küchenbegleiter, wie Sieglinde und Bintje zum Beispiel, sind so gut wie verschwunden. Bei Kartoffeln speist man uns vielmehr mit diesen drei läppisch-vereinfachenden Unterscheidungen ab, während es vergleichsweise ungefähr dreihundert Joghurtsorten samt Angaben deren molekularer Zusammensetzung gibt. Dabei essen wir hierzulande im Schnitt immerhin 60 Kilo „Grundbirn" pro Jahr, und in Österreich sind etwa 85 Erdäpfelsorten in die Sortenliste eingetragen. Aber wo - wo sind sie? Immerhin finden jährliche Erdäpfelfachtagungen statt. In den daraus resultierenden Protokollen ist dann nachzulesen, worauf es ankommt in der Kartoffelagrarindustrie: Auf Ertragsleistung und Anbaueignung, auf Krankheitsanfälligkeit und Verarbeitungseignungen und dass, wenn die Gentechnologie einmal zugelassen ist, kleinere Zuchtbetriebe sowieso keine Chance mehr haben werden.

Daran wollen wir im Moment lieber nicht denken, weil Saatkartoffeln müssen her, und zwar jetzt. Zur Präzisierung dieses Begriffs: An sich werden Saatkartoffeln gewonnen, indem man den bereits im Boden befindlichen Mutterknollen nicht zu spät das überirdische Kraut ausreißt. Das gewonnene Saatgut ist normalerweise kleiner als die zum Konsum bestimmten Kartoffeln. Andererseits eignen sich aber alle Knollen zum Legen.

Deshalb gibt es für all jene, die im Küchengarten daheim ein Kartoffeleck oder am Balkon einen Kartoffelkübel anlegen wollen: Entweder man treibt einen dieser kleinen, feinen, vertrauenswerten Landwirtschaftsbetriebe auf, die sich auf Qualitätskartoffeln spezialisiert haben. Oder man begibt sich auf Märkte und in jene raren Lebensmittelgeschäfte, die ihre Ware noch deklarieren und die Kartoffelkultur hochhalten. Der Trend geht dank steigenden

Koch- und Ernährungsbewusstseins in genau diese Richtung. Noch vor ein paar Jahren waren hierzulande Spezialitäten wie zum Beispiel die dunkellila französischen Trüffelkartoffeln „Vitelotte“ so gut wie unbekannt. Neuerdings hat mancher Grün- und Gartenmarkt löblicherweise ausgewählte Saatkartoffeln im Sortiment.

Tipp:
Wer keine Spezialkartoffelhändler in seiner Umgebung auftreiben kann: Einfach Kartoffelspezialitäten in Delikatessenläden kaufen, ausprobieren und die für kulinarisch optimal empfundenen Sorten ohne lange zu zögern in den Erdboden verfrachten. Denn wenige vergnüglichere Momente im Leben des Gärtners gibt es, als jenen der Kartoffelernte, wenn man in eine Art gärtnerischen Goldgräberrausch verfällt.

Rosen zu ziehen ist tatsächlich
gar keine große Affäre,
doch Achtung – dafür hat man
umso leichter eine mit ihnen.
Weil man Schneewittchen & Co
allzu gern hingebungsvoll verfällt.

Geduld
& Rosen

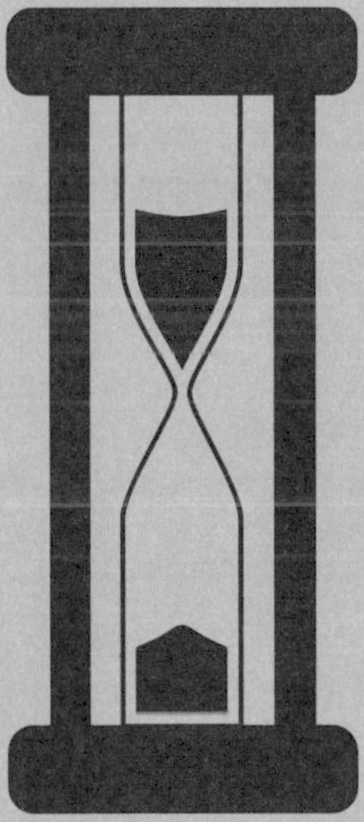

Jetzt noch nicht!

Ungeduld ist die Todsünde des Gärtners, vor allem, wenn es um das Pflanzenvorziehen im Frühjahr geht.

Eine wenig bekannte Bauernregel, die es zu Unrecht nie in die Gefilde des metaphysisch allgemein Anwendbaren brachte, die aber bei hurtiger Aussprache zumindest das Zeug zum Zungenbrecher für alle nicht des Ostösterreichischen Mächtigen hat, lautet: Baust mi im Mai, kumm i glei. Baust mi im Aprü, kumm i wann i wü. (Übersetzung: Baust du mich im Mai (an), komme ich gleich. Baust du mich im April (an), komme ich wann ich will.)

Auf den Februar und auf Indoor-Frühlingsgärtner angewandt, bedeutet der Spruch: Lasst die Samenpäckchen lieber noch zu und übt euch in Geduld, auch wenn es in den Gärtnerfingern angesichts der bereits deutlich länger gewordenen Tage noch so juckt und die Schneeglöckchen schon blühen. Es ist trotz allem noch zu früh, um Pflänzchen für den Garten vorzuziehen. Wir gärtnern schließlich in einem Alpenland, fixnocheinmal!

Frühestens ab Mitte Mai geht hierzulande das Risiko der Morgenfröste gegen null, und frühestens ab dann soll ausgepflanzt werden. Was jetzt, also ein paar Wochen zu voreilig, angebaut und vorgezogen wird, kriegt lange, wässrige, trübselige Hälse und ist schon geschwächt, bevor es seine Würzelchen draußen in der Gartenerde versenken darf.

Mitte März ist beileibe rechtzeitig genug, lautet die Daumenregel. Den vermeintlichen Wachstumsvorteil holen die später gesäten strammeren Pflanzen locker wieder auf, es sei denn, Sie verfügen sowieso über den feudalen Luxus ausgedehnter und geheizter Gewächshäuser und Wintergärten oder raffiniert angelegter Mistbeete. Aber mit Leuten wie Ihnen können wir Fensterbrettdilettanten ohnehin nicht mithalten. Wir beneiden Sie höchstens schweigend.

Und begnügen uns mit den einfachsten Ratschlägen für Anfänger und Stadtbalkongrünfinger, wie zum Beispiel diesem hier: Besorgen Sie sich Anzuchterde. Die ist in kleinen Säcken überall zu haben, sie ist nicht nur ganz fein und locker, sondern auch, was das Wichtigste ist, arm an Dünger, und das ist den Keimprozessen dienlich. Außerdem sollte man das ganze Jahr über prinzipiell jeden Hotelaufenthalt dazu nutzen, alle in den Hotelbadezimmern vorrätigen Duschhauben einzukassieren, weil diese Plastikteile samt Gummiband, über Blumentöpfe und Anzuchtschalen gespannt, die idealen Mini-Treibhäuser bilden.

In der Mistsackabteilung der Supermärkte gibt es übrigens, Tipp am Rande, neuerdings Plastikhauben in verschiedenen Größen zu kaufen. Die sind eigentlich für die Abdeckung von Gefäßen gedacht, die man in den Kühlschrank stellt, aber kreativ in modifizierten Anwendungen wird man doch noch sein dürfen.

Sobald allerdings nach den Keimblättern die ersten „echten" Pflanzenblättchen zu sprießen beginnen, muss umgetopft, sprich pikiert werden. Die im Samenkorn gespeicherten Vorräte sind ab diesem Zeitpunkt aufgebraucht, die kleinen Pflanzen müssen sich Nahrung aus fruchtbarerem Substrat holen können – und außerdem haben Sie wahrscheinlich ohnehin viel zu dicht gesät, sodass sich Ihre Keimlinge gegenseitig zu würgen beginnen.

Spätestens ab diesem Zeitpunkt wird jede Wohnung zur Kleingärtnerei und der Platz an der Sonne knapp, deshalb nochmals: Wenn Sie jetzt schon anbauen, wachsen Ihnen die Kürbisse und Tomaten erst flott über den Kopf, verrecken aber dann kurz vor dem Finale.

Tipp:

Zwar haben die Bau- und Grünmärkte der Alpenrepublik in den vergangenen Jahren erfreulich aufgeholt, was das Angebot an den unterschiedlichsten Gemüsearten und Sommerblumensorten anlangt. Wer aber wirklich Außergewöhnliches sucht und aus dem Vollen schöpfen will, sollte die Internetseiten des britischen Samenhändlers Thompson & Morgan besuchen. Onlinebestellung möglich. Lieferung prompt. www.thompson-morgan.com

Raubzüge zur Suchtbefriedigung

Zum gefürchteten Rosenstecklingsjäger wird, wer erkannt hat, dass man Rosenstecklinge selbst ziehen kann.

Noch ahnt Hemma F. nicht, dass es demnächst an ihrer Tür klingeln wird. Noch weiß sie nicht, dass dann jemand mit frisch geschärften Rosenscheren erwartungsvoll vor ihr stehen wird. Noch ist der Ausgang dieser Expedition unklar, fest steht lediglich das Ziel: ein Schatz, der sich in einem Topf vergraben auf der Dachterrasse befindet, auf der Hemma F. die botanische Artenvielfalt des Amazonasbeckens kultiviert.

Denn irgendwo inmitten dieses anbetungswürdigen Gewuchers gedeiht eine überaus seltene kleine Rose mit Namen „Die grüne Rose der Maria Theresia“. Die blüht – Überraschung! – grün und ist im Handel so gut wie nicht aufzutreiben. Folgendes ist nun der Plan: Wir wollen Hemma F. ein Reis dieser Ros’ entreißen und mittels Stecklingsanzucht vermehren. Weil: Von Rosensucht Gepackte lassen jeden Anstand fahren, sprich, sie schämen sich keines Mittels, um zu Stoff zu kommen.

Gerade im Rosenmonat Juni wird jeder zu irgendwelchen Gefühlsregungen Fähige verstehen, warum. Überall blüht und duftet es aufs Üppigste, und selbst in mickrige, unkrautüberwucherte Vorgärtchen zaubern vernachlässigte Rosenstöcke einen Hauch Schönheit. Und – wir wollen unbedingt mehr davon. Zum Glück wurden bisher mehr als 30.000 Rosensorten gezüchtet, was uns aus dem Vollen schöpfen lässt – vor allem seit wir wissen, dass man Rosen durch Stecklinge vermehren kann. Ungeahnte, wundervolle Möglichkeiten tun sich hiemit auf.

Um keine Missverständnisse aufkommen zu lassen: Die Gärtnereien sind mit Rosenvielfalt wohl bestückt, weder sie noch die Rosenzüchter werden kommerziellen Schaden erleiden. Doch immer wieder stolpern Auge und Nase über Rosenexemplare, deren Herkunft und Abstammung unklar ist, die man aber trotzdem unbedingt haben will. Was macht man dann?

Ganz einfach: Man schneidet – je nach Duldsamkeit der Rosenbesitzer und Umfang des Stockes – einen bis möglichst viele Rosenzweige ab und transportiert sie mit rauchenden Reifen in den eigenen Garten. Dort schneidet man die Zweige auf drei bis fünf Augen kurz, lässt oben zwei bis allerhöchstens drei Blätter dran und steckt die Dinger tief in lockeren, gegebenenfalls leicht sandigen Boden. Der geeignete Platz dafür befindet sich im Halbschatten. Sodann werden geräumige Glasgefäße, am besten große Gurkengläser, über die Kostbarkeiten gestülpt, zuvor ist natürlich anzugießen. Gelegentliche Lüftungen und regelmäßige Feuchtigkeitsgaben sind quasi der Garant dafür, dass die Röslein anwurzeln, austreiben und im Folgejahr an den Ort ihrer Bestimmung gepflanzt werden können.

Warum nur haben wir das noch nicht gewusst, als wir dereinst irgendwo an der ligurischen Küste vor einer innenhoffüllenden Kletterrosenorgie in Blaulila standen, deren Duft den gesamten Ort einhüllte? Wem ein Rambler bekannt ist, der wie die Edelrose „Mainzer Fastnacht“ (Rosen Tantau, 1964) blüht und riecht, aber meterlange

Ranken bildet wie der Super-Rambler „Paul's Himalayan Musk" – bitte melden!

Apropos Paul (gezüchtet 1916): Auch der fehlt noch in der Sammlung. Er gehört zu jenen Rosen, denen man sozusagen beim Wachsen zuschauen kann, die innerhalb weniger Jahre ganze Baumriesen durchwuchern und dann mit einer Fülle und Pracht blühen, dass es jeder Beschreibung spottet. Genau so wollen wir das nämlich haben. Und zu diesem Zwecke werden wir demnächst mit fiebrig glänzenden Augen im Prachtgarten der Hannah B. vorstellig werden, wo ein etwa sieben Meter hoher Weißdornbaum unter der Last zartrosa blühender Ranken niederzubrechen droht. Gehört sowieso dringend ein wenig ausgeschnitten, der gute „Himalayan Musk". In ein paar Jahren kann man sich dann ja mit „Maria Theresia" revanchieren – nicht wahr, Hemma?

Tipp:

Wie auch immer Sie das handhaben wollen: Manche Rosen sind sozusagen kopiergeschützt und dürfen nicht via Steckling vermehrt werden. Welche das sind, besagt das Schild beim Einkauf. Wo neben dem Namen ein kleines Quadrat aufgezeichnet ist, muss die Schere eingesteckt bleiben. Nun denn, wir wollten das nur gesagt haben.

Ach, Schneewittchen

Wer die Verlässlichen nicht ehrt,
ist des Gärtnerns nicht wert.

Schneewittchen ist siebzehn Jahre alt, und sie ist weit herumgekommen in ihrem Leben anbetracht des Umstandes, dass sie eine Rose ist. In ihren frühen Jahren stand sie auf einem Wiener Dachgarten in einem dieser schicken, ungeheuerlich kostspieligen Tongefäße, anhand derer gärtnerische Grünlinge unweigerlich im ersten Winter die sprengenden Kräfte des Frostes schmerzlich kennen lernen.

Doch Schneewittchen, die Schöne, verzieh und stellte bereits damals jene Duldsamkeit zur Schau, die ihr später zum Verhängnis werden sollte. Man befreite ihre Wurzeln zerknirscht aus dem geborstenen Ton und bettete sie in neues Schuhwerk, und das war billig und aus Plastik und für die Ewigkeit gemacht. Und da die weiße Floribundarose aus dem deutschen Rosenhause Kordes (gezüchtet 1958) Jahr für Jahr von Mai bis in den November duftende Blütenorgien produzierte, ließ man sie darin.

Irgendwann übersiedelte sie aufs Land, und es war ein schmerzlicher Anblick, als sie, jeglichen Blütenflors beraubt, nackt und auf ein Viertel ihrer selbst gestutzt in den Transporter gehievt wurde. Doch auch diese Schändung nahm Schneewittchen klaglos hin. Sie wuchs sich binnen kurzem wieder zur gewohnten Höhe von einsfünfzig aus und gab sich – stumm vor sich hin duftend – dem Blühen hin. Um diese Rose, das war spätestens ab da klar, musste man sich schlichtweg nicht kümmern. Ganz im Gegensatz zu den kapriziösen neuen Kolleginnen im Beet am Rande des Topfgartens. Mehltau die eine, Läuse die andere. Undefinierbares Dahinsiechen die dritte. Dieser Hofstaat schrie nach Betreuung, und selbstverständlich eilte man ihm - bestochen und betört von seiner kratzbürstigen Schönheit - mit Düngern und stärkenden Jauchen eilfertig zu Hilfe. Und im Schatten der Prinzessinnen stand die weiße Rose in ihrem Plastiktrog und blühte.

Doch irgendwann rächt sich Lieblosigkeit. Irgendwann ist Schluss mit dem Verzeihen. Irgendwann will jeder geliebt werden. Ein Dutzend Jahre in derselben Erde - alles was recht ist! Die schöne Kordes-Dame begann jene Trauer im Blattwerk zu tragen, die unter dem Namen Sternrusstau berüchtigt ist - und das war eine deutliche Anklage. Seither sind die Zicken „Gloria Die", „Constance Spry" und „Penelope" einigermaßen abgemeldet. Schneewittchen wird gebadet und gesalbt, gedüngt und umgetopft, und die fleckigen Blätter samt den darinnen befindlichen Pilzsporen werden quasi in Sichtweite ihrer selbst verbrannt. Damit sie weiß, dass sie nicht nur die Schönste im ganzen Land ist, sondern auch die Treuste und die Geliebteste.

Tipp:

Sternrusstau ist eine der verbreitetsten und übelsten Rosenkrankheiten. Vermeiden kann man ihn - mit Glück - durch Düngung und guten Standort, also durch kerngesunde Pflanzen. Wenn er auftaucht: Blätter vernichten, die Sporen überwintern nämlich darin, Rose nicht benetzen, damit die Sporen nicht verteilt werden. Im schlimmsten Fall schwingt man die chemische Keule.

Wir lassen keine Gelegenheit verstreichen,
um uns mit Ablegern, Samen,
Ästchen und Würzelchen zu versorgen.
Weil irgendwie wächst fast immer
alles an, und mitunter werden wir
mit den prachtvollsten Blüten belohnt.

Blühen
& Gedeihen

Hot in the Middle

Der Demut bedarf,
wer Englands Gärten bereist.

Selbstverständlich sind sie berühmt, und jeder hat gehört, dass sie ganz toll seien, die englischen Gärten. Aber keiner, der nicht irgendwann einmal mitten in einem solchen stand, kann auch nur im Entferntesten erahnen, welch überwältigende Gefühle einen vom Gartenvirus Befallenen daselbst heimsuchen. Nachdem die eine Hand den heruntergeklappten Unterkiefer wieder in Position gebracht und die andere Halt an der Borke des nächststehenden kostbaren Stammes gefunden hat, ergreift eine Mischung aus Staunen, Ohnmacht, Bewunderung und – ja, es muss bekannt werden dürfen – zartgrünem Neid das Gärtnergemüt.

Wer Demut lernen will, muss nach England reisen und zumindest ein halbes Dutzend der vielen tausend Prachtgärten dieses klimatisch gesegneten Eilands durchwandeln. In England ist so gut wie jeder, der ein paar Quadratmeter Erdboden sein Eigen nennt, eine gartentechnische Spitzenkraft, Gärtnern ist das nationale Hobby Nummer eins, jedes Vorgärtchen ein Kleinparadies. Und all das hat jahrhundertealte Tradition. „Gott der Allmächtige pflanzte zuerst einen Garten“, schrieb der Philosoph Francis Bacon bereits im Jahr 1625, „und dies zu tun, ist in der Tat das reinste Vergnügen des Menschen.“

Auch Nicht-Briten wissen darum, weshalb der britische Gartentourismus seinerseits zu einem wichtigen Wirtschaftszweig reifte: Etwa siebzehn Millionen Besucher jährlich verfügen sich mittlerweile nach Großbritannien, um Blütendüfte zu inhalieren, Buchsschnitte zu studieren und mit stiller Andacht vor Staudenbeeten innezuhalten, deren geheimnisvolle Kompositionen von der Dame des Hauses dann unter Umständen folgendermaßen entschlüsselt werden: „Oh! It's very simple. You start hot in the middle and cool down by the sides." Das bedeutet, feurige Rottöne in abgestuften Höhen werden von orange, lila, bläulich und immer heller werdenden Blütenorgien beflankt. Ja, eh. Das kann ja gerade noch nachvollzogen werden – zumindest in der Theorie.

Als aber angesichts der Lieblichkeit eines ausgedehnten Sees, an dessen formvollendeten Ufern schneeweiße Schafe wie Baumwollflöckchen lagern, die Touristengruppe in stummes Starren verfällt und die Lady des keineswegs schlichten dazugehörigen Schlosses seufzend in die Stille wirft, die paar hundert Arbeiter hätten damals, zu ihres Urgroßvaters Zeiten, den See doch etwas zu seicht gegraben, was nun in regelmäßige Verschlammungen münde, wissen wir, warum wir Zaungäste trotz alledem ein Volk von Schrebergärtnern bleiben werden. Mangels Manchesterkapitalismus nämlich.

Aber diese Behauptung ist auch wieder eine halb wahre Ungerechtigkeit, denn, wie gesagt, auch die britischen Schrebergärtner verfügen über außergewöhnliche Qualitäten, die der Unbeholfenheit des durchschnittlichen mitteleuropäischen Thujenschnipslers Hohn sprechen. Auf den Gartenschauen der Royal Horticultural Society tummelt sich beileibe nicht nur die Aristokratie, von hier aus verbreiten sich mehrmals pro Jahr die neuesten Züchtungen jedweden Gewächses bis in alle Krumen des Landes. Und die Befreiung des Gartens von herrschaftlich-strenger Barockzwänglerei hin zum offenen, fließenden Landschaftsgarten fand auch immerhin in England statt.

Den letzten Beweis für die Solidarität unter Gärtnern erbrachte der Sicherheitsmann am Flughafen. Er klaubte ein besonders reizendes kleines Gartenscherchen - als Souvenir auf einer Gartenschau erstanden - aus dem Handgepäck, hielt es anerkennend hoch, pries seine Güte, versicherte dessen zerknirschte Besitzerin seines Mitgefühls, notierte die kontinentale Adresse und schickte das gute Teil postwendend nach. Als einen Akt der Entwicklungshilfe, versteht sich.

Tipp:

Die Royal Horticultural Society, der National Trust und das National Garden Scheme sind die drei Organisationen, die man kennen sollte, will man Englands Gärten besuchen. Zu finden unter www.rhs.org.uk, www.nationaltrust.org.uk, www.ngs.org.uk. Empfehlenswert ist auch das weltweit größte Treibhaus in Cornwall: www.edenproject.com.

Gartenreisen werden mittlerweile von fast allen Touristikorganisationen angeboten.

Für Nachtschwärmer aller Art

Wer tagsüber arbeitet,
muss eben nachtaktives Grünzeug ziehen.
Ein paar Vorschläge.

Beginnen wir mit denjenigen, die weder Balkon noch Garten, aber dennoch einen Hang zu grünem Zeug aller Art haben: Sie werden sich im Sommer insbesondere nach Feierabend zum Beispiel an einer sehr einfach zu ziehenden Pflanze namens Wachs- oder Porzellanblume erfreuen.

Dieses fettgrünblättrige Ampelgewächs, das alles mag, nur nicht zu viel Wasser, entwickelt in den Sommermonaten Blüten, die nicht nur wie aus cremeweißem Porzellan geformte Sternchen ausschauen, sondern auch nächtens einen erstaunlich intensiven Duft ausströmen. Die lassen quasi ein Feierabendlüfterl wehen.

Und um genau dieses geht es hier. Denn was hat man von des Gärtnerns Fron, wenn man urlaubslos und vielbeschäftigt stets erst nächtens heimkehrt? Na, zumindest der Duft der nachtaktiven Blütenpflanzen darf sodann genüsslich inhaliert werden – und von denen gibt es eine stattliche Auswahl.

Balkon- und Topfgärtner zum Beispiel versäumen viel, wenn sie ihren Feierabendspritzer nicht neben einer *Datura* süffeln. Die Blüten der Engelstrompeten oder Stechäpfel beginnen erst abends ihr Parfum zu verbreiten – und zwar im Umkreis vieler Meter. Aber Achtung: Diese teilweise imposant dimensionierten Geräte, die wochenlang weiß, rosa oder gelb blühen, sind allesamt hochgiftig und von Kleinkindern jedenfalls fernzuhalten.

Ebenfalls nicht zum Verzehr bestimmt, aber erst ab der Dämmerung olfaktorisch beeindruckend sind die verschiedenen Tabakpflanzen, vom kleinen Ziertabak bis zum an die zwei Meter hohen echten Tabak.

Dass die zartlila, weiß oder purpur blühenden Nachtviolen ihren Namen nicht zu Unrecht tragen, erklärt sich von selbst. Sie riechen veilchenartig und können sowohl in Rabatten als auch in Kübeln gezogen werden. Auch die Nachtkerze hält, was sie namentlich verspricht: Ihre gelben Blüten öffnen sich abends im Zeitraffertempo und duften leicht zitronenartig. Ähnlich angenehm riechen die meisten Phloxe - praktisch einfach zu ziehende Nachtgefährten, die ebenfalls auf dem kleinsten Balkon noch Platz haben dürften.

Ein bisschen voluminöser sind da schon die Palmlilien, sie wachsen bis zu zweieinhalb Meter hoch und entwickeln meist erst nach ein paar Jahren Blütenkerzen, danken die Geduld dann aber mit exotisch-schwerem, süßem Nachtduft. Raschere kleinräumliche Superparfümierungen erreicht man mit Geißblättern, auch „Jelängerjelieber" genannt. Die bis zu vier Meter hohen Kletterer überranken zum Beispiel Pergolen und Klettergerüste blitzschnell. Aber informieren Sie sich auf jeden Fall über die Duftqualitäten der einzelnen Sorten! Empfehlenswert ist beispielsweise der weiß blühende „Graham Thomas", erfahrungsgemäß sind die helleren Sorten die besseren Dufter und manch dunkelrote Sorten riechen so gut wie gar nicht.

Erstaunliche Duftqualitäten legt auch das Seifenkraut an den Tag - Pardon, an den Abend - es blüht helllila und beginnt ebenfalls erst nächtens zu duften. Seinen Namen verdankt es allerdings nicht dem Duft, sondern dem Saponingehalt der Wurzeln (in diesem Fall Rhizome), die früher als Waschmittel verwendet wurden.

Zu guter Letzt zu den Turboduftern, die so manchem mitunter sogar zu aufdringlich werden können: Lilien. Schon ein kleiner Lilienstrauß kann ein ganzes Haus mit einem fast schwülstigen Duft füllen. Aber in heißen Sommernächten mag man das ja mitunter eigentlich recht gern, oder? Zwei Möglichkeiten tun sich auf: entweder einen Strauß in die Vase stellen, oder eine Lilie im Topf ziehen und sich noch ein wenig länger nasenseits betäuben lassen.

Tipp:

Zwei Bücher empfehlen wir zur genüsslichen Vertiefung ins Reich der Pflanzendüfte: Margit Benes-Oellers „Gartendüfte. Eine sinnliche Entdeckungsreise". Sie widmet darin den nächtlichen Sommerduftern ein eigenes Kapitel und erklärt erfreulicherweise auch, warum die meisten Nachtaktiven in hellen Farbnuancen blühen: „Sie bleiben so für ihre Bestäuber, Nachtschmetterlinge wie Aurorafalter und Taubenschwänzchen, länger sichtbar. Weiß, Silber und helles Gelb – in diesen Mondlichtfarben wird auch noch der kleinste Lichtstrahl reflektiert." Ein weiteres empfehlenswertes Duftebuch ist Helga Urbans „Garten der Düfte", neben einer „Palette der Düfte" gibt es hier auch ein umfangreiches „Lexikon der Düfte" samt dazugehörigen Pflanzenporträts.

Hutblumen und Kakteen

Während sie in Frieden ruhen möge, die Otti-Tant, blühen ihre Kakteen – und das grenzt an Auferstehung.

Die Otti-Tant hatte nicht zwingend das, was man einen grünen Daumen zu nennen pflegt. Nein – sie mit einem solchen Attribut zu charakterisieren wäre niemandem in den Sinn gekommen, der ihr im Laufe ihres langen und wild durchwachsenen Lebens über den Weg lief.

Die Biotope der Otti-Tant waren vielmehr die Kaffeehäuser und Cafés der Städte. Dort saß sie – ganz viel rauchend und ganz viel Kaffee trinkend, und irgendwie schien es, als erhole sie sich in der Stadt ein bisschen vom Land, von dem sie stammte und wo sie zeitlebens wohnte und dessen kargste Seiten sie vor Zeiten durchlebt hatte.

Fragte man sie gelegentlich, „Otti-Tant, wie war das denn damals so, mit der Goaß (Ziege) und den Hendln (Hühnern) und dem Donnerbalken (Freiluft-WC) hinter dem Haus, mit dem Krautacker?“, dann krächzte sie ein raues 40-Dames-pro-Tag-Lachen (Dames = österreichische Zigarettenmarke) und rief: „Tausend Rosen!“

Und ihr Garten, der einmal dieser Krautacker gewesen war, wurde im Laufe der Jahrzehnte dank vollkommener Ignoranz zu einer derartigen Wildnis, dass die Rehe und Hasen gerne darin Ruhe suchten, weil sich die im vergleichsweise gepflegten Wald der Umgebung nirgendwo so geschützt fühlten wie dort. Tatsächlich waren diese paar Hundert Quadratmeter Garten wahrscheinlich eines der letzten authentischen Dschungelstücke Mitteleuropas, weil ein halbes Jahrhundert lang niemand darin auch nur die geringste Hand angelegt hatte. Aus diesem Grund mag es niemanden verwundern, dass die Otti-Tant eine jener Personen war, der man zu Jubiläumstagen und ähnlichen feierlichen Anlässen keine Lilienstöcke oder andere doch irgendwie ein bisschen zu pflegenden Blumen in den Arm drückte, sondern ihr sicherheitshalber, wenn überhaupt, Kakteen überreichte. Von denen hatte sie immerhin zwei Stück. Da die sommers in Töpfen neben dem Hauseingang standen und sowieso vom Himmelvater gegossen wurden, überlebten sie denn auch viele Jahre ohne jemals umgetopft, gedüngt oder sonst irgendwie behandelt worden zu sein. Das Lebensmotto der Otti-Tant war von jeher „Leben und leben lassen".

Den Winter verbrachten diese Kakteen, deren botanische Bezeichnung selbstverständlich längst dem Vergessen anheimgefallen war, im Erdkeller, in dessen kühler und milder Luftfeuchte seinerzeit schon Erdäpfel und in Sand eingeschlagene Rüben gut über die Runden gekommen waren. Als die Otti-Tant schließlich hoch betagt starb, gedachte man ihrer mit einer großen Wehmut, weil sie eben ein besonderes Exemplar einer alten Hutblume gewesen war, von der man – wenn schon nicht Gärtnerisches, so doch allerlei Lebensnahes hatte aufschnupfen können.

Ihr winziges Häuslein in der Wildnis stand lange leer. Drei Jahre lang. Dann wurde es entrümpelt, und als man mit Taschenlampen in den Erdkeller vordrang, standen da die beiden Töpfe mit den Resten der Kakteen. Schneeweiß waren sie in der absoluten Finsternis geworden, schrumpelige vielarmige Würzchen. Aber diese stacheligen

Mumien schienen doch irgendwie noch lebendig, und aus Gründen der Pietät und der Barmherzigkeit wurden sie sicherheitshalber zum wahrscheinlich ersten Mal in ihrer Existenz umgetopft und in Etappen wieder an das Tageslicht gewöhnt.

Die kläglichen Kreaturen zeigten sich tatsächlich rasch wieder fetter, grüner, ansehnlicher. Sie erwachten gewissermaßen, ohne lang zu fackeln, aus einem todesähnlichen langjährigen Schlaf – und dann begannen sie über Nacht zu blühen. Über und über. Sie begrüßten ihre neugewonnene Existenz mit dutzenden leuchtend orangen Sternen mit zierlichen weißen Staubfäden in der Mitte. Sie blühten, als ob es die mageren Jahre nie gegeben hätte. Weil das Leben jetzt ist, und die fetten Zeiten, wenn man sie erleben darf, gefeiert werden müssen. Unbedingt. Die Otti-Tant hätte bei ihrem Anblick unter Garantie sofort wieder krächzend aufgelacht und geschrien: „Ich sag's ja! Tausend Rosen!“

Tipp:

Um welche Kakteenart es sich im Falle der ottitantschen handelt, könnte zum Beispiel mittels des umfassenden Nachschlagewerks „Das große Kakteen-Lexikon“ von Edward F. Anderson festgestellt werden. Die von Urs Eggli übersetzte und auch ergänzte sowie nachbearbeitete Version wiegt 744 Seiten schwer.

Nicht nur zu Mittag,

sondern ab dem ersten Sonnenstrahl tun Hummeln und Bienen in Kroatien den Blick ins Paradies.

Kroatien verfügt nicht nur über eine gut gewachsene Fußballnationalmannschaft, sondern auch über eine ganz außergewöhnliche Vegetation. Die ist es wert, gerade vor der Sommerhitze, also im Stadium größtmöglicher Üppigkeit, genau studiert zu werden.

Irgendwann verschlug es mich aus arbeitstechnischen Gründen auf eine der zahlreichen Inseln dieses schönen Landes, und angesichts der dort wuchernden Pflanzenwelt litt die Konzentration. Denn alles war von blühenden, duftenden Ginsterhecken bedeckt, dazwischen wuchsen die reizendsten Kräuter und Blumen, und in den Terrassengärten konnte man im Duft der Mandarinenbäume schier die Pflicht vergessen.

„Wir kommen zu spät zum Meeting“, meckerte mein Kollege, dem die ewigen Abstecher in Gärten und hinter Zäune langsam auf die Nerven gingen. „Egal. Das hier ist einzigartig, Meetings gibt es sonder Zahl und immer wieder, und dort drüben leuchtet ein besonderes Rosa. Ein klitzekleiner Umweg noch – und dann zur Arbeit.“

Besagtes Rosa erwies sich als botanisches Wunder: Über eine an sich schon bemerkenswerte Steinmauer – denn gute Steinmauern zu schichten ist eine große, in Kroatien offensichtlich außerordentlich gut beherrschte Kunst – hing der gut vier Meter lange Vorhang einer fleischigblättrigen Pflanze, die quasi flächendeckend mit knallrosa Blüten übersät war. Wäre man eine Hummel oder Biene, so täte man exakt hier den Blick ins Paradies.

Diese Blüten muss man sich kaffeeuntertassengroß vorstellen und mit verschwenderisch vielen feinen, länglichen Blütenblättern pinselartig umkränzt. Jedenfalls als etwas, das auch jeder, der kein Insekt ist, aber einen Garten pflegt, ganz unbedingt sein Eigen nennen will – ja nachgerade haben muss. Egal wie.

Nachdem ein kleines Ästchen dieses Gewächses, schnipp, in den Aktenkoffer gewandert war – seine Entnahme entsprach angesichts der vorhandenen Pflanzenmasse ohnehin lediglich dem Raub einer Ähre im Kornfeld – wandte sich der Kollege peinlich berührt ab. Dafür konnte jetzt endlich das Meeting beginnen.

Mittlerweile treibt das Export-Import-Ästchen schon wieder aus. Es wurde in ein sandiges Erdgemisch gebettet, an einen Sonnenplatz gestellt und zeigt erfreuliche Vitalität. Die Pflanze ist als eine der vielen „Mittagsblumen" bekannt, wobei diese Bezeichnung eine Art Kraut-und-Rüben-Titel ist, weil er über diverse fleischige Blüher gestülpt wird. Sicherer erscheint die botanische Bezeichnung *Carpobrotus*, in diesem Fall wahrscheinlich mit dem Zusatz *acinaciformis*, denn es gibt auch gelb- und cremeweißblühende Varianten.

Die Blüten öffnen sich nicht erst zu Mittag, sondern mit den ersten Sonnenstrahlen. Natürlich ist die Pflanze, die ursprünglich aus dem südlichen Afrika stammt, nicht winterhart, sie sollte aber in Innenräumen bei kühleren Temperaturen und ohne zu viel Wassergabe überwinterbar sein wie die Kakteen. Man wird sehen. Angeblich kann man auch hierzulande Früchte ernten. Die sollen sehr köstlich sein und sich besonders zum Marmelademachen eignen. Nun denn, vielleicht wird hier gerade eine Milchmädchenrechnung angestellt, denn ein Ästchen macht noch lange keinen Marmeladetopf, aber man wird ja noch ein bisschen träumen dürfen.

Tipp:
Die Mittagsblumengewächse, Aizoaceae, werden auch „Hottentottenfeigen" genannt und in ihrer Heimat mit Blatt und Blütenstingel gern von Schildkröten gefressen. Bei Menschen führt das zur Verlangsamung unerwünscht schneller Verdauungsprozesse. Laut Berichten derer, die sie erfolgreich ziehen, wollen sie weder gedüngt noch zu viel gegossen werden. Vor allem Letzteres bringt sie schnell ums Eck – sie verfaulen.

Sonnige Gemüter

Einen einfachen, robusten und auch aus anderen Gründen einnehmenden Charakter hat die Tagetes.

Für Leute mit schwarzem Daumen, die es in ihrem gesamten Gärtnerleben noch zu nichts außer Unkraut gebracht haben, gibt es Hoffnung: Ihnen sollte, wenn schon nichts anderes, so doch ein Blümelein aus Mittelamerika mit dem Namen Tagetes blühen.

Es wurde, so behaupten Pflanzenonomastiker, nach dem etruskischen Halbgott Tages benannt, der seinerzeit selbst einer kargen Ackerscholle entspross und solchermaßen gleich in der Geburtsstunde seine äußerste Genügsamkeit demonstrierte. Warum die hübsche Viel- und Langblüherin aus Mittelamerika auch „Sammetblume" und „Studentenblume" genannt wird, bleibt im Dunklen.

Auch die Bezeichnung „Studentenfurz" lässt sich nicht so ohne weiteres aufschlüsseln, denn kraft welcher Qualitäten sich studentische Flatulenzen von akademischen unterscheiden, entzieht sich unserem derzeitigen Wissensstand – und wir hegen, um offen zu sein, keinen Ehrgeiz, uns ausführlicher in diese Problematik zu vertiefen.

Wie auch immer – der Tagetes haftet tatsächlich ein ganz eigentümlicher, von manchen als für ein Blütengewächs nicht passend empfundener Geruch an. Doch wer den nicht mag, ist selbst schuld, wenn er bäuchlings vor den Rabatten liegt und sich darüber echauffiert. Die anderen machen sich die Ausdünstung der asternartigen Korbblütlerin vielmehr zunutze, denn auch diverse Schädlinge, zum Beispiel die gefürchteten Nematoden, mögen sie nicht und meiden die Rosen und Gemüsegewächse, um die herum die Tagetes ja strategisch ausgesät werden kann.

Apropos: Letzteres könnte einfacher nicht sein. Man streue den Tagetessamen im Frühling aus, reche ein wenig darüber, gieße an und warte ein paar Tage. Die Wahrscheinlichkeit, dass nichts passiert, geht gegen null, denn diese Pflanze keimt gern, schnell und so gut wie überall.

Als Mexikanerin hat sie es lieber trocken als nass und lieber sonnig als schattig, aber letztlich gedeiht sie fast überall und blüht fröhlich von Juli bis in den Frost. Sie taucht in an die sechzig Arten auf, von denen die nicht überzüchteten natürlich die empfohlenen sind, und ist in allen Gelb-Orange- bis hin zu Dunkelrot-Changierungen zu haben. Wenn sie abblüht, können die gut getrockneten Samen der sortenreinen Varianten abgenommen, frostsicher gelagert und im Frühling wieder dem Gartenkreislauf überantwortet werden. Das funktioniert am besten mit Salzstreufingerbewegungen, mittels deren man die Blüten zerbröselt.

Leute, die straßenseitige Vorgärtchen in Zonen gefährlich starken Hundeaufkommens bewirtschaften, berichten mit Dankbarkeit von der Unverwüstlichkeit dieser braven Blume: Wo jedes andere Gewächs unter den täglichen Hundepissegüssen verröchelt, hält die Tagetes als Einzige die Stellung. Und Hundepipi ist bekanntlich echt kein Studentenfurz.

Tipp:
Da sich die gesamte Familie der Tagetes offenbar nicht nur für Unbeholfenere, sondern auch für Faule hervorragend eignet, nimmt es niemanden wunder, wenn ausgerechnet sie zu des Profigärtners Karl Ploberger bevorzugten Lieblingen zählt. Er hat mit dem „Garten für intelligente Faule" bereits ein äußerst beliebtes Werk hingelegt und selbigem den Nachfolgeband „Gärtnern für intelligente Faule von A bis Z" nachwachsen lassen.

Luxus in Lila

Unergründlich können die Wege der schönsten unter den Sommerblumen, der Stockmalven, sein.

Bei manchen Pflanzen ist Zimperlichkeit nicht angebracht, so zum Beispiel bei den Stockmalven. Ein vorzügliches Beispiel dafür blühte in den vergangenen Sommern gute zwei Meter hoch und kräftig lila in weiter Strecke vor dem Haus der Frau U.

Auf die Frage, wo sie denn diese wundervollen *Alcaea Rosea*-Geschöpfe herhabe, antwortete sie, die seien irgendwann einmal unvermutet hier aufgegangen und würden sich alljährlich selbst wieder ausstreuen. Pflege bedürften sie keiner, und ohne der sehr geschätzten Frau U. auch nur irgendwie nahe treten zu wollen – dieser Bemerkung darf angesichts ihres restlichen wilden und keineswegs von rauschenden Blütenmeeren durchwogten Gartens getrost Glauben geschenkt werden.

Diese lila Giganten wuchsen jedenfalls aus Ritzen zwischen Steinplatten hervor und verliehen dem alten Haus einen derart wundervollen Zauber, dass manche ihrer Betrachter eine altbekannte Gier erfasste: Samen mussten her, aber natürlich erst nach deren Ausreifung.

Ein keineswegs uneigennütziger Besuch bei Frau U. wenige Wochen später ließ das Blut in den Adern gefrieren und jede Hoffnung welken: Die Stockrosen waren weg! Abgeblüht und abgeschnitten. Zum Glück verfügt Frau U. über einen Komposthaufen, und dort durfte gewühlt und der Abschnitt samt Samen geborgen werden.

Stockrosen, auch Stockmalven oder Bauernrosen genannt, bilden Unmengen davon aus, und die keimen ohne Pipifax, sobald sie in die Erde gesteckt werden. Die Sorgfältigen unter uns tun das so ab Mitte März mithilfe von Töpfchen und in gewöhnlich bald grauenvoll erdverbröselten Innenräumen - doch die Erfahrung der vergangenen Stockrosensaison belehrte eines Besseren. Denn viel praktischer ist es, dem natürlichen Stockrosen-Vermehrungsprozess zu folgen und die Samen im Spätsommer bis in den Oktober hinein in großzügigen Säbewegungen und ohne Zimperlichkeit in die Rabatte zu befördern.

Damit spart man sich die Erdsauereien, das Umtopfen und das Auspflanzen - was die Pfeilwurzler sowieso nicht sonderlich mögen - und die guten Malvengewächse keimen in der Wildnis so bereitwillig, dass es eine Freude ist. Außerdem darf man sich solchermaßen auf eine baldige Blüte freuen, denn die erfolgt erst in ihrem zweiten Jahr. Apropos: Die Bezeichnung zweijährig für die Stockmalven bezieht sich genau darauf und ist gewissermaßen irreführend. Denn obwohl die Pflanzen nicht sonderlich langlebig sind, so überdauern sie normalerweise doch einige Jahre und haben gut Zeit, sich währenddessen rasant zu vermehren.

Irgendwie hat die Stockrose der Frau U. dennoch etwas Magisches an sich. Im Frühjahr nach besagter Malvensamenernte tauchten in gut sortierten Gartenmärkten Packungen mit Samen von Stockmalven auf, die eindeutig die gleichen waren. Hoch, dunkellila, ungefüllt, leicht gezackte Blütenblätter. Ein lyrischer Begleittext berichtete von einem britischen Gärtner, an dessen Wegesrand diese

Prachtexemplare ohne Zutun einfach aufgegangen waren. Unergründlich sind also der Malven Verbreitungspfade.

Wer sie aussäen will, kann natürlich aus einem größeren Repertoire schöpfen. Es gibt sie in Weiß, Gelb, Rot, Rosa, Lila bis hin zu fast Schwarz. Sie blühen wochenlang, ob gefüllt oder ungefüllt, und die Riesen unter ihnen erreichen fast drei Meter Höhe. Sie gedeihen auf fruchtbaren, nicht zu dichten und nicht zu trockenen Böden am schönsten.

Die erfolgreich importierten Stockrosenableger der Frau U. blühen jedenfalls alljährlich bis in den Frost hinein, und zu ihren Füßen verheißen Unmengen kleiner Pflänzchen, ausgesät aus den Blüten des frühen Sommers, eine wahre Stockrosenorgie für die kommenden Jahre.

Tipp:

Eine besondere Stockrosenliebhaberin war die US-amerikanische Ölmilliardärin Aline Barnsdall. Sie beauftragte keinen Geringeren als den Architekten Frank Lloyd Wright mit dem Bau eines Hauses, das in Ornamenten an der Fassade und in den Innenräumen ihre Lieblingsblume nachempfindet. Das 1921 in Los Angeles vollendete „Hollyhock-House" – so die englische Bezeichnung der Stockrose – markierte den Beginn einer neuen, üppigeren, ornamentaleren Phase im Schaffen des amerikanischen Architektur-Superstars.

Wenn der blöde Spruch stimmt,
dass die dümmsten Gärtner
die größten Kartoffeln ernten,
dann schwankt unsere Intelligenz
je nach Saison.
Egal wie's gerade um uns stehen mag,
das eigene Gemüse ist sowieso
das beste.

Gärtnern & Genießen

Konvertieren Sie bitte!

Und bauen Sie künftig Ihre Tomaten selbst an.

Diese Geschichte wurde heute auf die Gefahr hin geschrieben, alle kommerziellen Tomatenzüchter der Welt nachhaltig zu erzürnen, doch damit muss man als eingefleischte Gärtnerin leben. Die These lautet: Wenn Sie es heuer schon versäumt haben, an die Privattomatenzucht zu denken – warum eigentlich? –, begehen Sie diesen Fehler im kommenden Jahr auf gar keinen Fall wieder und bauen Sie dringend Eigenware an. Jeder noch so kleine Balkon mit Sonnenecke ist dafür geeignet. Talentierte reüssieren sogar indoor auf Fensterbrettern.

Erst der Vergleich macht sicher: Alles, was Sie selbst zusammenbringen, auch wenn Sie gärtnerisch noch komplett unterbelichtet sein mögen, ist mindestens zehnmal besser als die auf Haltbarkeit, Schönheit und sonst schon gar nichts gezüchteten Hydrokultur-Massenwaren der EU-genormten Supermarkt-Obst-Gemüse-Tristesse.

Wirklich wahr: Was dort gewöhnlich als „Tomate" recht fesch rot glänzt, verdient den Namen nicht. Man sollte dieses Gemüse umtaufen, zum Beispiel auf Rusgn (= Rot und sonst gar nichts) oder auf (Toe = Tomate ohne Eigenschaften). Kein Geschmack, widerliche grüngelbliche Fleischstellen im Inneren, Schalenkonsistenzen, die in ihrer Festigkeit an die Qualitäten moderner Kunststofffolien heranreichen. Was, zum Teufel, isst man hier? Transkontinental verschipperte Massenware.

Ein Lokalaugenschein im Tomaten-Exportland Nummer eins, Holland, offenbarte die Qualen der Tomatenmutterpflanzen im Dienste des Kommerzes. In den unendlichen Weiten der dortigen Glashauslandschaft versehen diese geknechteten Kreaturen unter widernatürlichen Umständen ihren Dienst. Kernstück der Anlagen ist jeweils eine Art kleine Raffinerie. In dieser kistenförmigen Angelegenheit wird voll automatisch eine Nährlösung abgemischt, die sodann computerkontrolliert über Schläuche in das Nährsubstrat gepumpt wird.

Die Wurzeln der Tomatenknechte sind in Kokosmatten oder anderen Faserstoffen verankert, die selbstverständlich ungefähr das Gegenteil von Erde und Humus sind. Die Pflanzen selbst erreichen abnorme Längen von bis zu acht, neun und mehr Metern, und da sie ihr eigenes Gewicht natürlich nicht mehr selbst zu tragen vermögen, die armen überzüchteten Bastarde, fesselt man sie in der Horizontalen an entsprechende Gestänge.

Für die Befruchtung der Blüten sorgen Hummelvölker, und weil keines dieser pelzigen Insekten freiwillig in Glashäusern lebt, werden sie in autobatterieartigen Gefäßen gezüchtet und samt diesem Haus strategisch zwischen den Pflanzen verteilt.

Auch wenn die kommerziellen Glashaustomatenunternehmer beteuern, man bemühe sich ständig um die Züchtung neuer, süßer, geschmacksintensiver Sorten, so dominieren trotzdem jene, die möglichst lang halten und möglichst schön ausschauen.

Der Gegenentwurf dazu stammt im Optimalfall aus dem Gemüsegarten, sieht häufig weniger makellos aus, aber belohnt dafür mit saftstrotzendem, aromatischem Wohlgeschmack. „Ich hab schon ganz vergessen gehabt, wie eine Tomate schmeckt!“, entfuhr es unlängst einem meiner Gäste, und derlei Aussage lässt das Gärtnerherz schon weite Sprünge tun.

Der Mann mit dem Tomaten-Déjà-vu verkostete übrigens zweierlei Sorten: „Black Russian“ und „Marmande“ – für Tomateninsider quasi Grundausstattung. Einmal davon gekostet – und spätestens kommenden Sommer sind auch Sie Konvertit.

Tipp:

Bei welchen Sorten Sie auch landen – alle kann man sehr einfach aus Samen ziehen. Doch Achtung: Tomatenpflanzen bedürfen der Erziehung, die in diesem Fall „Ausgeizen“ heißt. Alle Nebentriebe, die in den Blattachseln, also exakt zwischen Stamm und Blattstiel sprießen, müssen ständig abgezwickt werden, um die Kräfte der Pflanze in die Fruchtproduktion zu lenken. Für Fensterbrettgärtner: Da man sein Heim selten mit Bienen- und Hummelvölkern teilt, sollten die blühenden Tomatenpflanzen gelegentlich zum Zwecke der Selbstbestäubung geschüttelt werden.

Sonnenschirm im Herbst

Parasole sind super,
und Schwammerlsucher sind asozial,
soviel steht fest.

Wir widmen uns heute der Pilzsaison, da diese – zumindest in den verdorrten Wäldern Ostösterreichs – doch einen gewissen Ertrag hervorzubringen scheint. Schließlich kam ja die Gnade eines spätsommerlichen Tiefs und damit der Pilze wichtigster Beförderer, der Regen, auch über die östlicheren Hügel und Berge hernieder. Zu spät für die Eierschwammerl oder Pfifferlinge, gerade noch rechtzeitig für andere kulinarische Waldbodenemporkömmlinge.

Bedauerlicherweise können wir ausnahmsweise nicht aus eigener Erfahrung von aktuellen Schwammerlraubzügen berichten – wir dürfen uns aber zähneknirschend an den Erfolgsmeldungen benachbarter Pensionisten schadlos halten. Munter und mit Körben voller Parasole unverschämt schwer beladen kamen die unlängst im Bleigrau des Morgens von den umliegenden Hügeln gehüpft. Herrliche Pilze, murmelten wir, wo die denn zu finden seien?

Doch Pilze suchende Pensionisten zählen, wie gesagt, zu jenen, die früh aufstehen, und die Heimtücke der Frage blieb ihnen selbstverständlich nicht verborgen. Oh, sprachen sie unverbindlich und wissend lächelnd, und wiesen mit weit ausholenden Armbewegungen quer über das gesamte Voralpenmassiv, den Schneeberg knapp noch streifend: Dort drüben, dort gibt's ein paar ganz gute Plätze. Nun denn, man darf's ja wenigstens probiert haben.

Selbstverständlich werden potenzielle Schwammerlplätze so gut wie nie an Außenstehende verraten und hierzulande von den Alten in den Familien an die Jungen vererbt, ähnlich wie in Japan die Familienbonsais. Die Pensionisten parken selbst ihre Autos entweder im Verborgenen oder stellen sie an unverfänglicher Stelle demonstrativ arglos ab. Manche gehen sogar Umwege zu ihren vermaledeiten Geheimplätzen, um Verfolger abzuschütteln oder Beobachtern ein Schnippchen zu schlagen.

Doch Parasole sind sowieso sympathisch unberechenbar und umtriebig. In einer Saison gibt es sie an bestimmten Stellen quasi zum Saufüttern. Im nächsten Jahr stehen gewiefte Parasoljägerinnen, wie beispielsweise Christina D., sinnend mit dem Körbchen vor der Leere, wo vormals Fülle herrschte.

In Zeiten flächendeckender Mobiltelefonanknüpfung selbst im tiefsten Forst kann man dann seine Schwammerlverbündeten anrufen, denn geteiltes Leid ist halb so schwer. „Wie Honig“, so sprach sie melancholisch ins Telefon, „wie Honig rinnt das Licht durch die Blätter. Allein – es trifft auf keinen Parasol!“

Es soll Schwammerlverehrer geben, die diesen Pilz als minderwertig erachten. Doch die haben ganz offenbar noch nie fein panierte, in Butter sanft herausgebrutzelte Parasolsteaks zu sich genommen. Ein wenig Zitrone darüber und ein Glas vom guten Weißen dazu – und der Herbst wird augenblicklich golden.

Parasole kann man in allen Wachstumsstadien ernten, nur die allzu alten lässt man besser stehen. Bis zu dreißig Zentimeter Durchmesser erreichen die braun beschuppten

Hüte. Besonders Gierige essen den Ring, der sich unter der Kappe am Stiel befindet, gleich im Wald und roh.

Apropos: Wer sich auskennt, kann den Parasoles unter anderem an diesem Ring vom tödlich giftigen, für Laien ähnlich ausschauenden Knollenblätterpilz unterscheiden. Dessen Ring ist, im Gegensatz zu jenem des Parasol, nicht verschiebbar. Aber Achtung, wir geben hier keine Anleitung für potenzielle Lebertransplantationspatienten nach Knollenblätterpilzgenuss. Schleichen Sie sich lieber in einen Schwammerlsucherclan ein – wahrscheinlich bleibt Ihnen eine Heirat zu diesem Zwecke nicht erspart – und lassen Sie sich die Unterschiede vor Ort live erklären, bevor Sie selbst auf die Jagd gehen.

Und wenn jemand meint, das mit den gut gehüteten Plätzen sei jetzt eine Übertreibung: Ich nehme gerne Hinweise in schriftlicher Form dankbar entgegen!

Tipp:
Unter den zahllosen deutschsprachigen Pilzseiten, die das Internet zu bieten hat, ist jene des Wiener Marktamtes eine der besten. Unter www.wien.gv.at/ma59/pilze/m59mfpi.htm findet man eine unprätentiöse, sehr übersichtliche, sehr anwenderfreundliche Liste genießbarer sowie ungenießbarer Pilze, samt Fotos und Beschreibungen und erfreulich tiefschürfenden Informationen. Denn dass beispielsweise der Parasol auch „Gugermukken" genannt wird, dürfte sich noch nicht bis in den letzten Winkel des Wienerwaldes herumgesprochen haben, oder?

Stacheliger Augenschmaus

Wer Artischocken nur verschlingt, der versäumt was.

Zuerst zu den nüchternen Details: Das, was Sie genüsslich in allerlei Saucen tunken und daraufhin aussaugen oder als „Artischockenherzen“ (meist praktischerweise aus der Dose) als Vierjahreszeitenpizzabelag verspeisen, sind die Blütenknospen einer Riesendistelart.

Die Artischocke gehört zur großen Familie der Korbblütengewächse, ist eine mehrjährige Staude und stammt aus dem Mittelmeerraum. Sie schätzt Sonne und Wärme, verabscheut Fröste und muss deshalb vor kalten Wintern geschützt, also sehr gut eingepackt werden. Und egal, ob sie Ihnen nun schmeckt oder nicht: Jeder, der den einen oder anderen Quadratmeter in seinem Garten noch frei hat, sollte sofort Artischocken anbauen.

Riesige, prachtvolle Pflanzen werden dort entstehen, die ab ihrem zweiten Jahr, so ab Juli, zu sensationellen Blütenorgien ansetzen. Meistens blühen sie sogar schon im ersten Jahr, dann allerdings erst später und mickriger. Vorschlag: Ernten Sie die Knospen im ersten Jahr und essen Sie sie.

Im nächsten Jahr dürfen Sie dann ruhig weiteressen und auch gleich ein paar Freunde dazu einladen, denn bei warmer Witterung und völlig unaufwändiger Pflege stehen dutzende Blütenköpfe zur Ernte an. Aber lassen Sie auf jeden Fall ein paar davon stehen, denn die aufgeblühte Artischocke ist schlichtweg nur als Sensation zu bezeichnen: Riesige, wunderschöne, blaue Blüten, die sich auch in der Vase viele Tage lang wie prächtige Skulpturen machen.

Außerdem, wie gesagt, wird die Ernte kulinarisch allein sowieso nicht zu bewältigen sein – außer Sie wollen einen Selbstversuch wagen: Denn der Artischocke werden traditionell, und zwar seit quasi undenklichen Zeiten, allerlei – nun – aufregende physische Kraftverstärkungen zugeschrieben.

In der Österreichischen Nationalbibliothek kann man das zum Beispiel im kostbaren Originalmanuskript des „New Kreuterbuchs" nachlesen. Erstmals erschienen 1543, schreibt dessen als „Vater der Botanik" bekannter Verfasser Leonhart Fuchs (1501–1566) in Kapitel Numero 308 ein wenig scheu: „Die Welschen bereiten auch die obersten Köpflein, wenn sie noch jung sind, zur Speise, zu machen Lust und Begierde zu ehelichen Werken."

Klingt nicht schlecht, was? Die der „Welschen Distel" angeblich innewohnenden Kräfte wurden unter anderem auch von Johann Heinrich Zedler im „Grossen Universal-Lexicon aller Wissenschaften und Künste" von 1732 beschrieben, allerdings auf eine heutzutage nur als sexistisch zu bezeichnende Art, den darinnen heißt es abschließend: „Dahero, wenn Eheleute dieses Gewächs fleißig essen, sollen sie lauter Knaben zeugen." Nun denn. Wollen wir das?

Aber das Köpflein des damals noch als „Strobildorn" bekannten Gewächses kann laut Fuchs, dem älteren Kräutermann, noch weit mehr: „Die Wurzel des Strobildorn in Wein gekocht und getrunken, vertreibt den bösen Geschmack des ganzen Leibs. Das selbe tut sie auch, wenn sie grün zerstoßen und aufgelegt wird. Gekocht wie oben gesagt und getrunken treibt sie kräftig den stinkenden

Harn aus. Die Blätter, solang sie noch zart und jung sind, werden wie Spargel und ähnliche Kochkräuter gegessen. Die Wurzel zerstoßen und aufgestrichen heilt die Räude und Flechte."

Es hat den Anschein, als ob Johann Wolfgang von Goethe, dem ja der ewige Ruf des erfolgreichen Frauenhelden nacheilt, sich eher auf die lustvolleren Qualitäten der Superdistel verließ. Er zog sie vorsorglich im eigenen Garten und beglückte manch Freundin mit deren Blütengaben. Eines der Briefchen, die er mit ins Artischockenkörbchen legte, ist überliefert: „Gegen Früchte aller Arten/Saftig-süßen, schmacklich-zarten/aus gepflegtestem Revier/send ich starre Disteln dir/Diese Distel, laß sie gelten. (Ich vermag sie nicht zu schelten/Die, was uns am besten schmeckt/in dem Busen tief versteckt)."

Tipp:

Artischocken lassen sich im Frühjahr einfach aus Samen ziehen. Es empfiehlt sich, diese einen Tag vor der Aussaat in eine Schale Wasser zu legen. Manche empfehlen, sie mit Schmirgelpapier aufzurauen, was allerdings nicht wirklich erforderlich ist. Ausgepflanzt werden die Artischöckchen, wie üblich, nach den letzten Frösten. Der Platz sollte sonnig und nicht zu feucht sein. Es gibt die verschiedensten Artischockensorten, alle müssen im Winter gut vor Frost geschützt werden. Sie wollen ja weiteressen, oder?

Es wird Bellinis geben

Dafür brauchen Sie im Optimalfall allerdings so etwas Exotisches wie Weingartenpfirsiche.

Wie Sie bereits bemerkt haben dürften, vertreten wir die eher kleinteilige – auf jeden Fall aber experimentierfreudige Beschäftigung mit Gärten und Pflanzen und deren genießbaren Produkten. Der Weg ist unser Ziel, und wenn die Unkräuter an seinem Rand hübsch sind, dürfen sie nicht nur stehen bleiben, sondern werden von uns auch noch begeistert vermehrt. Gelegentliche Niederlagen nehmen wir als Teil des Prozesses hin – sind wir Profigärtner oder was? Dafür versetzen uns gerade die unerwarteten Erfolge in rauschhaft glückliche Zustände. Wie zum Beispiel dieser hier:

Eines der reizendsten Experimente erreichte meinen Garten eines Frühlings in Form eines Eimers, in dem sich eine Hand voll Erde befand. Daraus stak ein höchstens fünfzig Zentimeter hohes Ästchen samt länglichen Blättern hervor – sein Durchmesser entsprach etwa dem eines Singvogelbeines. Mit anderen Worten – es handelte sich um eine anmutige, gleichwohl doch etwas kärgliche Angelegenheit.

Die Überbringer des Geschenkes strahlten, als sie es überreichten. Sie erklärten seinen Ursprung als südsteirisch: Ein Weingartenpfirsichbäumchen! Wundervoll – Weingartenpfirsiche sind die absolute Geschmackselite unter den Sammethäutern. Kaum aufzutreiben. Ihre Früchte sind wesentlich kleiner, als man das gewohnt ist, dafür sind sie unvergleichlich im Aroma. Meistens haben sie kein gelbes, sondern hellgrünes Fruchtfleisch, sind leider sehr kurzlebig und deshalb kaum handelstauglich. Die perfekte Lebensspanne des reifen Weingartenpfirsichs beträgt exakt jene Zeitspanne, die dafür benötigt wird, ihn vom Baum zu pflücken und in direkter Folge auf die in Vorfreude sabbernden Geschmackspapillen zu befördern.

Diese Pflanze war also hochwillkommen, auch wenn es angesichts der Jugendlichkeit des, nun ja, „Baumes" etwa sieben Singvogelgenerationen brauchen würde, bis Ernte in Sicht sei. Doch wie man sich irren kann! Nach sorgfältiger Standortwahl – viel Sonne und der beste auftreibbare Quadratmeter Bodens im Garten – wurde er gesetzt, eingegossen und in der Folge über die Monate mit wachsendem Erstaunen beobachtet.

Denn von langem Warten kann überhaupt keine Rede sein. Bereits innerhalb eines Jahres wuchs sich der kleine Kerl zu einem prächtigen, gut und gerne drei Meter hohen Baum aus. Ohne Düngung, ohne irgendwas. Im nächsten Frühjahr setzte er mit einer begrüßenswerten Selbstverständlichkeit zu einer nachgerade verschwenderischen Blüte an. Und die mündete – ein Wahnsinn! – in unzählige, wie Perlen an den Ästen aufgereihte Früchte, deren Reife ungeduldig entgegengeblickt wurde.

Diese ist stets erst Anfang September zu erwarten, denn Weingartenpfirsiche zählen zu den Spätreifen. Im Gegensatz zu den sortenrein gezüchteten Kultur-Pfirsichen werden Weingartenpfirsiche übrigens aus Kernen gezogen, was einfacher nicht sein könnte: Pfirsich essen, Kern ordentlich sauberknabbern, in einen Topf mit Erde stecken, gießen, auspflanzen.

Während des – wie erläutert relativ kurzen – Wartens auf die Ernte kann man sich zum Beispiel ausmalen, was außer Haltlos-in-sich-Hineinstopfen man mit den Fruchtmassen noch so alles anstellen wird. Pfirsichmarmeladen und -gelees kochen zum Beispiel. Oder die luxuriöseste Variante von Pfirsichgebrauch treiben, nämlich Bellinis mixen.

Das Originalrezept von Harry's Bar in Venedig verlangt keinen normalen gelben, sondern eben einen „weißen" Pfirsich, und aller Wahrscheinlichkeit nach hatte es sich damals tatsächlich um einen Weingartenpfirsich gehandelt, als der Cocktail im Jahr 1948 anlässlich einer Ausstellung des namensgebenden Malers kreiert wurde. Wer die ersten hauseigenen Bellinis kriegen wird, ist eh klar – die Bäumchenüberbringer natürlich.

Tipp:
Pfirsichbäume werden sehr häufig von der Kräuselkrankheit befallen. Dabei handelt es sich um eine von *Taphrina deformans* verursachte Pilzerkrankung. Das Laub wellt und verfärbt sich bereits kurz nach dem Austrieb, vertrocknet und fällt schließlich ab. Der Baum wird entsprechend geschwächt und geschädigt. Der Weingartenpfirsich ist gegen diesen Pilz deutlich resistenter, schon allein aus diesem Grund empfiehlt sich seine Wahl. Denn bei Befall nützt lediglich konsequentes Spritzen mit einschlägiger Chemie im Frühjahr kurz vor dem Austrieb.

Wie Montaigne Kohl pflanzt

Müßiggang ist vieler Lüste Anfang – das fand bereits Michel de Montaigne, und der hat sowieso in allem Recht.

Wenig Unwahrscheinlicheres gibt es als einen perfekten Garten – und die Gewissheit, dass das Ziel des Gärtners ein solcher nie sein kann, gibt uns Kartoffelzüchtern, Rosenschnipslern und Kohlkopfgießern die Kraft für die Ewigkeit. Natürlich nicht für die ungewisse des Elysiums, sondern für die todsichere des Unkrautvernichtens bis zum seligen Ende.

Oder – auch nicht. Dann lassen wir gelegentlich Gartenschere und Gartenkralle sinken, erheben uns aus der demütig dienenden Gärtnerhaltung, putzen die Erdbrösel von den Knien, waschen unsere Hände in der Unschuld des Müßigganges, schalten den Bewässerungscomputer ein und ziehen ein Buch hervor, um selbiges an schattigem Plätzchen, umgeben von den blumigen Produkten unserer Arbeit, zu lesen.

Zum Beispiel die Essays des Michel de Montaigne. Der nahm die Prozesse des Werdens und Vergehens gelassen – und drückte das zum Beispiel so aus: „Ich will wohl, dass man tätig sei, dass man die Pflichten des Lebens so weit ausdehne, wie man kann; und dass der Tod mich dabei antreffe, dass ich meinen Kohl pflanze – aber gleichgültig über seinen Zuspruch und noch mehr darüber, dass mein Garten nicht völlig in Ordnung ist."

Wie wahr! Wir brauchen keinen Zuspruch, von wem auch immer. Unser Garten ist in ewiger Unordnung, das wissen wir. Doch wen, wenn nicht uns selbst, mag es also kümmern, dass die Quecke, diese unausrottbare Schabe der kultivierten Botanik, auch in unserem Gemüsegarten keineswegs ums Eck zu bringen ist? Wen, wenn nicht ausschließlich uns selbst, beunruhigen die immer noch nicht geschnittenen Weinranken, die nicht aufgebundenen Rosen, die nicht gekehrten Hofecken, die Unkrautmuster im Kies und all die anderen windlingumspielten Zonen vorübergehender Vernachlässigung? Eben. Und deshalb ist das Dümmste, was man mit seinem Garten anstellen kann, das ununterbrochene kleinkrämerische Pflegen desselben, weil man darüber keine Zeit mehr hat, um beispielsweise Montaigne zu lesen.

Jeder passionierte Gärtner kennt diesen schmalen Grat, auf dem er über seine Scholle wandelt – eine feine Grenze zwischen Wahn und Sinn, die gezwungenermaßen stets in die eine oder die andere Richtung überschritten wird: Da gibt es die Phasen manischen Unkrautrupfens und Rasentrimmens. Dann wird der Tag zu kurz, und irgendwie empfindet man es zwar selbst als absurd, bei Scheinwerferlicht Gundelrebe zu rupfen und meterlange Ausläufer dieses Peinigers zwischen den Stängeln formschönerer Gewächse herauszufädeln, aber Sucht und Eifer besiegen die Finsternis. Und wenn die Sonne wieder aufgeht, erblicken wir nicht das gundelrebenbefreite Beet, sondern bemerken den Giersch gleich nebenan – und des Wühlens ist kein Ende.

Es gibt aber auch die anderen Phasen des Gärtnerdaseins, wenn die Lust aus-, der Rasen ungemäht, das Unkraut am Leben bleibt. Wenn man kraft- und machtlos am blühenden Windling vorbeischleicht, der demnächst Samen werfen und sich exponentiell vermehren wird. Aber egal. Leben und Garten sind auch in Unordnung schön, und die streberhafte Selbstversklavung als die zuweilen mächtigste Geißel zu erkennen, bedeutet den ersten Schritt zur Läuterung und hin zu einer angenehmen montaigneschen Gelassenheit.

Man krame also einen Liegestuhl hervor und strecke alle Viere von sich. Weil, wie der alte Franzose sagte: „Das Meisterstück eines Menschen, auf das er besonders stolz sein kann, ist, sinnvoll zu leben; alles Übrige wie Regieren, Schätzesammeln, Bautenerrichten sind Nebensachen.“ Und wer seinen Garten als Hort des Müßigganges nicht entsprechend ehrt, ist des Gärtnerns nicht wert.

Tipp:

„Der Mensch, an der Hand Montaignes gelenkt, (...), muss notwendigerweise zum Skeptiker werden, indem er erkennt, dass er sich nicht auskennt.“ So weit Egon Friedell über den Franzosen, der 1533 bis 1592 lebte und die literarische Form des Essays („Versuchs“) erfand. Zum Beispiel: Michel de Montaigne, „Essais“, herausgegeben und mit einem Nachwort versehen von Ralph-Rainer Wuthenow.

Teilet und nehmet davon

Auch zwischen Gärtnern kommt es zu Symbiosen.

Es ist wie überall – die einen haben viel, die anderen wenig. Zum Glück gibt es zumindest unter Ersteren, wenn sie Gärtner sind, Barmherzige, die Zweitere an ihrer Fülle großzügig teilhaben lassen. So zum Beispiel Hannah B.

Unter ihren emsigen Fingern spross über die Jahre ein Garten, der so ausschaut, als habe eine Klingelfee der Botanik ihr Zauberstäbchen in jedes Eck getupft, woraufhin eine Art Wunder in Form der Arten- und Sortenvielfalt des Amazonasbeckens entstand. Ein Garten ohne Rasen, eine einzige Abfolge sensationeller Staudenbeete, in denen immer irgendetwas blüht, kurzum, genau so ein Garten, wie man ihn selbst gerne hätte.

Im Frühling, so sprach Hannah in der ihr eigenen Bescheidenheit, müsse die Angelegenheit ohnehin ein wenig ausgedünnt werden, dann sollte der eine oder andere Ableger abfallen und könne von uns, den noch Minderbemittelten, gerne abtransportiert werden. Als es so weit war, packten wir Körbe und Eimer in den Kofferraum und wurden mit rauchenden Reifen vorstellig.

Die Staudenfee zuckte angesichts der vorbereiteten Transportgefäße merklich zusammen, was uns sofort mit Schamesröte übergoss, weil die Gier ja bekanntlich eine der übelsten Sünden ist. „Was wollt ihr denn damit?“, sprach sie und geleitete uns zu jener Ecke, in der sie die abgestochenen Pflanzen aufgebahrt hatte. In Zeitungspapier sorgfältig eingeschlagen, lag dort Biomasse bereit, die locker die Basis für die Anlage eines mittleren Parks hergab.

Wir warfen unsere nunmehr läppischen Kübel und Körbe erleichtert in den Kofferraum zurück und kehrten mit dem Anhänger wieder. Zu Hause setzte ein Buddeln und Graben ein, das bis in die späten Nachtstunden andauerte und mehrere neu anzulegende Beete erforderlich machte. Unzählige Wurzelstöcke, Knollen und völlig undefinierbare Erdballen wurden versenkt, weil natürlich der Überblick darüber, was welche Pflanze ist, im Rausch des Eingrabens komplett verlorenging.

Da sage noch einmal einer, ein Garten entstünde nur über die Jahrzehnte! So gut wie alle Staudenpflanzen breiten sich schnell aus, wenn sie ihren Standort mögen. Phlox, Mädchenaugen, Sonnenhüte, Margeriten, Storchschnäbel, Gräser und vieles mehr lässt sich ganz leicht mit dem Spaten abstechen und anderwärts verfrachten. Von anderen Pflanzen wie zum Beispiel dem Lavendel müssen gar nur Äste abgebrochen und in die Erde gesteckt werden.

Spätestens im nächsten Frühling kann auch diese mittlerweile gut angewachsene, sich heftig ausbreitende Pracht wieder vermehrt, sprich abgestochen werden. Dann wird selbstverständlich weiterverteilt. Weil auch wir barmherzig sein wollen.

Tipp:

Seien Sie auf gar keinen Fall zu zögerlich, wenn es um Ableger geht. Stechen Sie polsterartig wachsende Pflanzen mit dem Spaten ab und verfrachten Sie die Teile entweder gleich in den eigenen Erdboden, oder schlagen Sie sie zur Überbrückung mit feuchten Tüchern ein. Es geht wenig über nachbarschaftliches Teilen. Hin und her mit dem Zeug, was es hält!

Über das nützliche
– und gegebenenfalls
ganz und gar unnütze
Geraschel im eigenen Biotop
muss der Gartenmensch zumindest
Grundkenntnisse erwerben.
Oder kennen Sie den Unterschied
zwischen Maulwurf und Wühlmaus
immer noch nicht?

Tier
& Wir

Gebrüll im Laub

Löcher graben und Wasser einfüllen kann ausgesprochen reizvoll sein.

Wenig geht über kleine Wasserflächen im Garten. Es können eigentlich durchaus auch größere sein. Oder gleich mehrere. Fest steht, wenn Sie einmal am Vergnügen des Teichanlegens geleckt haben, dürsten Sie unweigerlich nach mehr.

Stundenlang kann man auch an den kleinsten Ufern dankbar verharren und ins Wasser starren, wenn man – ja, wenn man die Ökologie nicht dabei stört, ihr natürliches Gleichgewicht zu finden. Einer der übelsten Streiche, die sowohl Mensch als auch Kreatur diesbezüglich gespielt werden können, ist zum Beispiel die leichtsinnige Behübschung eines solchen Teiches mit Goldfischen zweierlei Geschlechts.

Eine solche erfolgte einstmals heimlich durch ein Familienmitglied, dem Kaulquappen und Molche, Libellen und Kröten in ihrer animalisch-heimischen Gesamtkomposition zu wenig hergaben. Auch war dieser Spross des Clans eben erst von einem längeren Aufenthalt in Japan heimgekehrt, wo ja bekanntlich jeder Tümpel für die Zucht und Hege der bunten Koi herhalten muss. Koi sind, wie Goldfische auch, Karpfen, und da Erstere sehr teuer, Zweitere aber in jeder Zoohandlung billig zu haben sind, tummelte sich plötzlich über Nacht goldblitzend ein halbes Dutzend dieser hübschen Fischchen in einem Teich, der gerade einmal sieben, acht Quadratmeter klein war.

Keine Frage, sie machten sich gut in den damals noch glasklaren Fluten. Und sie fühlten sich offensichtlich auch wohl genug, um untereinander spielerischen Umgang zu pflegen. Denn bereits wenige Wochen später hatte sich ihre Anzahl merklich erhöht. Zwischen den ausgewachsenen Goldfischen schwamm goldiger Nachwuchs, und das gemahnte, von oben betrachtet, doch irgendwie an Unterwasseraufnahmen mächtiger atlantischer Sardinenschwärme in einem preisgekrönten Naturdokumentarfilm.

Mit anderen Worten: Es waren allzu rasch der Goldfische allzu viele, was sowohl den Teich als auch dessen Population selbst ab dem Hochsommer zum Kippen brachte. Das Trauerspiel erledigte sich über den Winter für alle Beteiligten endgültig, weil sich die armen Tiere als nicht frosttauglich erwiesen und auf kühlem Teichgrund den Weg alles Irdischen nahmen.

Um die unerfreuliche und unter anderem nicht sonderlich tierliebe Misere dieser zum Glück vergangenen Teichsaison auszumerzen, brachten andere Teile der Familie im folgenden Frühjahr ein bisschen Froschlaich aus einem wilden Tümpel in den Gartenteich ein. Die Kaulquappen gediehen prächtig, monatelang herrschte Rasenmähverbot, weil zentimeterkleine Fröschlein im Gras herumhüpften wie die Flöhe im Igelpelz.

Seither sind alle hier seit Jahren schon heimisch. Grasfrösche. Teichfrösche. Gute Quaker allesamt. Es sind auch Laubfrösche darunter, besonders schöne hellgrüne Gesellen mit goldenen Augen. Aber die quaken nicht, die brüllen. Irgendetwas muss einem aber recht sein, wenn man schon einen Teich hat.

Tipp:

Es gibt unzählige Methoden, wie man Teiche, aber auch kleine Wassergärten anlegt. Vor allem jenen, die über keinen ausgedehnten Garten verfügen, die es aber trotzdem nach kleinen Wasserspielen gelüstet, sei das Buch „Teiche & Wasseranlagen" von Peter Robinson empfohlen (herausgegeben von der Royal Horticultural Society). Bei genauen Anleitungen und vielen Gestaltungsideen bleibt nach der Lektüre garantiert kein Garten trocken.

Kicker am Plafond

Wer jemals unter von Mardern bewohnten Dachböden nächtigte, weiß, was Dribbeln wirklich heißt.

Die Wendigkeit und Eleganz der spanischen Nationalmannschaft wird derzeit lediglich von einer Truppe übertroffen, die ausschließlich inoffiziell und in der Nacht antritt und in Sachen Lärmproduktion wahrlich als weltmeisterlich einzustufen ist: Marder!

Diese possierlichen Raubmörder sind, wenn man sie zu Gesicht bekommt, zwar fast so reizend anzuschauen wie Torres, Sergio Ramos und Co, lassen es aber vergleichsweise an Disziplin mangeln. Vor allem der Nachwuchs – und der hat Anfang Juli quasi das Halbstarkenalter erreicht. Das ist für alle, die ihr Quartier unfreiwillig mit einem Marderteam teilen, eine echte Pein.

Jeder kleine Schlitz, der in Dachböden oder Zwischendecken führt, wird zum Stadioneinlass für diese Rabauken. Das Poltern, Trappeln und Kicken mit undefinierbaren, aber ganz offen hörbar harten Gegenständen (die Knochen ihrer Opfer?) kann selbst Zeitgenossen mit ansonsten gesegnetem Schlaf in den Wahnsinn treiben. Außerdem haben Marder die Reinlichkeit nicht erfunden, und wie sich das anriecht, wenn Beutereste unter dem Dach den Weg alles Irdischen gehen, wollen wir hier nicht weiter ausführen.

Zehn Jahre lang teilte ich das Heim mit Mardern. Zehn lange Jahre. Marderfallen wurden aufgestellt, Marder wurden gefangen, Marder wurden dann doch als zu reizend erachtet, um sie dem Jäger zu überantworten und dessentwegen heimlich kilometerweit weg in einsame Wälder expediert. Völlig sinnlos. Marder kamen und gingen, und die meisten von ihnen blieben. Abgedichtete Ritzen wurden wieder aufgenagt, die Tierchen verteidigten ihr Heim fröhlich mit Zähnen und Klauen.

Bis sich in jener einmal mehr schlaflosen Nacht des Plafondanstarrens die Erkenntnis herabsenkte. Der ortsansässige Waffenhändler machte tags darauf ein ganz gutes Geschäft mit der größtkalibrigen Tränengaspistole, die er auf Lager hatte. Ein Loch in die Holzdecke war hurtig gebohrt, die Sache mit Plastilin verschlossen. Aber nur vorübergehend.

Als die wilde Jagd gegen Mitternacht dann oben wieder ihren Höhepunkt erreicht hatte, stand die Leiter unten bereits in Position. Weg mit dem Plastilin, Tränengaspistolenlauf angesetzt, mit einem Fetzen zum Zwecke des Abdichtens umwickelt, ein kurzer Krach, ein ungeheuerliches Gezeter und Geschrei und Getrampel – und eine fast schon vergessene, gespenstische Stille senkte sich über das wieder zurückeroberte Heim – und zwar dauerhaft.

Denn Marder sind sehr klug und extrem vorsichtig. Außerdem hält der Tränengasstaub eine Zeit lang, und trappelnde kleine Pfoten wirbeln ihn dann unangenehm in zarte kleine Mardernüstern auf.

Nach diesem fulminanten Finale soll jetzt bitte keiner, der nicht ein Jahrzehnt lang Erfahrung gesammelt hat, mit irgendwelchen tierschützerischen Argumenten daherkommen oder gar andere Marderabwehrmittel erwähnen. Denn jede von offensichtlichen Laien gepriesene Abwehrtaktik wurde zuvor ausprobiert und als komplett sinnlos befunden: Töne absondernde Marderabschreckgeräte zum Beispiel oder strategisch verstreute Katzen- und Hundehaare, auch Mardersprays und selbst unter Dach angebrachte dauerdudelnde Radios. Effekt null.

Aber jetzt ist es wunderbar, wenn man sich zum Beispiel wieder ein Fußballmatch in Ruhe anschauen kann. Bis zum nächsten Weltmeisterkick dauert es zwar nicht, aber Bundesliga und Champions League werden uns bis dahin anmutig über die Runden helfen.

Tipp:

Dass die hier empfohlene Methode gewisse Sorgfaltsmaßnahmen erfordert, dürfte klar und keiner weiteren Erklärung bedürftig sein. Sie hat sich tatsächlich als die einzig wirksame erwiesen. Ausgelegte Katzenhaare, aufgesprühte Marder-weg!-Substanzen, dauerdüdelnde Radios, Ultraschall und und und kommen da nicht annähernd mit.

Blattschneider unterwegs

Auch die Großstadt ist ein Dschungel, wenn man das richtige Auge dafür hat.

Eines warmen Sommerabends begab sich Beatrix P. genüsslich auf ihre Stadtterrasse, um in diesem grünen Hort gezügelter Botanik der Hektik der täglichen Werktätigkeit zu entsagen. Denn wenig geht über ein paar gekonnt durchwucherte Quadratmeter unter freiem Himmel, auf denen man diszipliniert in der Erde wühlen und dem Wachstum der verschiedensten Topfgeschöpfe zuschauen darf. Zwischen Lilien, Nelken, Ginster ein gemütlicher Liegestuhl, vielleicht ein gut aufgeschäumter Milchkaffee auf dem Beistelltischchen, die Lieblingszeitung bei der Hand, oben zwitschern die Schwalben, unten dröhnt das Verkehrsgetöse gedämpft in weiter Ferne. Noch ein behaglicher Blick in die Runde, weil jetzt blühen ja gerade auch die Rosen.

Wohlgefällig beobachtete Beatrix P. eine Biene, die sich eben auf einem Rosenblatt niederließ. Sieh an, mag sie dabei gedacht haben, selbst in das kleinste Gärtlein finden diese fleißigen Insekten, und ich bin eine derjenigen, die ihnen ein wenig Nahrung bieten, hier mitten in der Großstadt.

Doch diese Biene in Wien war anders, sie hatte es weniger auf Nektar abgesehen als auf ein – noch – makelloses Rosenblatt. Ein grünes, wohlgemerkt. Aus diesem schnitt das pelzige kleine Tier säuberlich und ohne innezuhalten mit offensichtlich scharfen Mundwerkzeugen vor den erstaunten Augen der Stadtgärtnerin seitlich ein kreisrundes Stück heraus und summte damit von hinnen.

Sprachlosigkeit! Wer hat schon jemals von Blattschneiderbienen gehört? Von Ameisen ja, gut und gerne, aber die gedeihen irgendwo in den feuchten Höllen des Amazonasbeckens, fernab jeglicher Zivilisation.

Doch tatsächlich gibt es jede Menge Blattschneiderbienen, selbst hier in Europa. Kleine Auswahl gefällig? Da wären, weil die Namen so schön sind, neben der gemeinen und der nordischen Blattschneiderbiene auch die Weidenröschen-Blattschneiderbiene, die weißfilzige Blattschneiderbiene sowie die hasenfüßige und die schwarzbäuchige Blattschneiderbiene. Die meisten von ihnen sind besonders pelzig und sehr nett anzuschauen.

Diese Wildbienen gehören zu den Löcherbienen. Sie bauen mit den Blattabschnipseln wahlweise in selbstgegrabenen Erdgängen, hohlen Pflanzenstängeln oder in von Holzkäferlarven produzierten Gängen sogenannte Liniennester. Aus den ovalen oder runden Blattstücken werden Brutzellen zusammengedreht wie kunstvolle Stanitzel. Die Bienen füllen diese etwa bis zur Hälfte mit Pollen und Nektar, legen ein Ei darauf und schließen die Blattwabe mit einem Blattdeckel ab.

Die Blattschneiderbienen zeichnen sich allerdings durch eine weitere erstaunliche Eigenart aus, von der ihre besonders neugierigen Betrachter Kenntnis haben sollten: Sie verfügen im Gegensatz zu den uns bekannten Honigbienen über einen extrem beweglichen Hinterleib. Den können sie bis über ihren Kopf vorbiegen und so quasi nach allen Richtungen stechen. Also: Mit der Nase vielleicht nicht zu nah an das Blattschneidertier kommen.

Zur selben Gattung, Megachile, gehören übrigens auch die Mörtelbienen. Das sind diejenigen, die für die kleinen Tontöpfchen an Felsen und Steinen und auch an manchen Hauswänden verantwortlich sind.

Erstaunlich, meinte jedenfalls Beatrix P.: Jahre-, ja jahrzehntelang könne man auf diesem Erdenrund wandeln, und des Dazulernens sei noch lange kein Ende.

Tipp:

Wer will, kann auch mitten in der Großstadt auf Balkon und Dachgarten Insekten aller Art anlocken. Zum Beispiel Hummeln, diese freundlichen fliegenden Pelze, die so gut wie nie stechen, wenn man sie nicht direkt berührt und in die Enge treibt. Hummelnester gibt's im Handel, man kann sie aber auch selbst bauen, Anleitungen dazu finden Sie in der einschlägigen Insektenliteratur sowie im Internet.

Saubärte

Was Mais, Kleeäcker und Wildschweine miteinander zu tun haben.

Unlängst waren fast zeitgleich drei voneinander scheinbar völlig unabhängige Ereignisse zu beobachten, die jedoch in feinem Zusammenhang miteinander standen:

In einer noch grauen Morgenstunde galoppierte eine Wildsau mit mehreren Frischlingen von einem Kukuruzacker (=Maisacker) kommend quer über eine niederösterreichische Bundesstraße und tauchte auf der anderen Seite in den Forst ab. Derlei tun Wildsäue natürlich öfter, aber diese wurde dabei eben von denjenigen beobachtet, die etwas später am Rande eines großen Feldes innehielten, auf dem im Vorjahr Kukuruz geerntet worden war.

Sie waren nicht allein, denn unter den Strahlen der kurz zuvor aufgegangenen Sonne hatte sich dort bereits ein halbes Dutzend Hobbyfotografen versammelt, um, teils mit Stativen ausgerüstet, ein wahrhaft sehenswertes Farbspektakel einzufangen: Auf dem Ex-Kukuruzacker blühten drei offenbar in Bahnen gesäte, allerdings kunstfertig doch ein wenig durchmischte Pflanzenarten in Himmelblau (Bienenweide), Knallrot (Mohn) sowie Dunkellila (ja, was?).

Dieser wogend bunte Wiesenacker, oder wie man ihn nennen soll, war mindestens drei Wochen lang der Star des Bezirks und seine vergängliche Schönheit in aller Munde. Und bei näherer Betrachtung stellte sich heraus, dass es sich bei der Dunkellila-Angelegenheit um eine Kleeart handelte, die Fachkundige als Inkarnatsklee identifizierten.

Inkarnatsklee. Aha. Vorher nie gehört. Aber Geduld, denn in wunderbarem Zusammenhang stehen alle Dinge.

Wie, das brachte das dritte Ereignis ans Licht, welchselbiges sich im lokalen Lagerhaus abspielte, wo Kleingärtner, Großbauern und andere die praktischen Utensilien des Ruralen Suchende zu verkehren pflegen. Dort bestellte eben ein Landwirt Saatgut und stand – zwischen monokulturellem Inkarnatskleeanbau oder doch dem Landsberger Gemenge aus ebendiesem Klee, Wicken und Süßgras schwankend – in fachlichen Debatten mit dem Verkäufer.

Ha! Ein Inkarnatskleekenner! Ob er denn nähere Auskunft über diese besonders schön anzuschauende Ackerpflanze geben könne, ob die neu sei hierzulande? Nein, die sei nicht neu, aber neuerdings sehr verbreitet, weil die Bauern quasi dazu verdammt wären, sie anzubauen.

Warum? Weil die Wildschweine, diese Säue, heuer bereits zum zweiten Mal die jungen Kukuruzpflanzen aufgewühlt, niedergetrampelt, vor allem aber gefressen hätten. Jetzt, Ende Mai, sei eine neuerliche Aussaat zu spät, was bleibe da anderes, als eben Klee zu säen. Entweder als Futtermittel oder als Gründüngung. Die Wildschweinplage grenze jedenfalls langsam ans Unerträgliche.

So spann sich also der Faden vom Wildschwein über den Klee bis zum Kukuruz – der im Übrigen eine der absoluten Lieblingsspeisen der klugen und deshalb schwer jagbaren Rüsseltiere ist. Und Erdäpfel. Wildschweine lieben Erdäpfeläcker. Kurz und heftig lieben sie sie: Wo eine Wildschweintruppe fröhliche Wühlarbeit geleistet hat, bleibt außer nackter Erde nichts übrig. Klee drauf – und der Mantel des Vergessens.

Tipp:

Schon seit den 50er-Jahren steigt die Wildschweinpopulation beständig an, doch in den vergangenen Jahren ist sie dank warmer Winter und guten Futterangebots nachgerade explodiert. Vor allem in Ostösterreich – doch, abgesehen von alpinen Lagen, die sie als kälteempfindliche Kreaturen nicht schätzen, erobern die Schweine gerade auch den Rest der Nation und entwickeln sich stellenweise zur echten Landplage.

Ich bin der Hügel

Maulwürfe bringt man nicht um,
man freundet sich mit ihnen an,
und ihre Mörder sind Verbrecher.

Irgendwann erreichte mich folgende unerfreuliche Meldung: Hinter den Zaunhecken oberösterreichischer Gärten wurden Kopfjäger gesichtet, die man dingt, um Maulwürfen nachzustellen. Entlohnt werden sie nach Beuteerfolg. Pro erledigtem Wühltier kriegen sie zwanzig Euro.

Man stelle sich die befriedigten Gartenbesitzer vor, wie sie nach der Jagd die aufgebahrten Maulwurfsstrecken abschreiten, kopfrechnend die Börse zücken und die Scheine in gierig ausgestreckte blutbesudelte Pratzen blättern. Das kann nicht hingenommen werden!

Investigativrecherchen im diesbezüglich ausnehmend hilfreichen Umwelt- und Lebensministerium ergaben, dass der Maulwurf einen Platz auf der Liste der gefährdeten Tierarten hat. Nicht nur in Deutschland, auch in den österreichischen Bundesländern Steiermark, in Tirol und Vorarlberg steht er bereits unter Naturschutz, denn die Maulwurfbestände gehen zurück.

Unter den „Tausend Gartenfragen“, die von Anton Eipeldauer, dem Mann, der, wie es heißt, Österreich chlorophyllisierte, im gleichnamigen Buch bereits vor Jahrzehnten beantwortet wurden, befindet sich auch die folgende: „Jeden Tag wirft der Maulwurf in Ihrem Garten neue Hügel auf. Pflanzen werden umgeworfen, und der Boden wird durchwühlt. Was ist dagegen zu machen?“

Die Antwort des Profis, der nicht nur eine eigene berühmte Obstbaumschule, sondern auch die Fortbildungsschule für Gärtnerlehrlinge in Kagran gründete und zahllose ganz vorzügliche Bücher über Gärten und Pflanzen schrieb – kurzum, der als Mann der Praxis genau wusste, wovon er sprach, lautet:

„Der Maulwurf macht nicht nur Schaden, sondern ist sogar ausgesprochen nützlich. Er frisst Ungeziefer, Engerlinge, Drahtwürmer und Schnecken. Er jagt auch nach Wühlmäusen."

Im Gegensatz zu der grauen Pest, den Wühlmäusen, würde sich der wunderhübsche schwarze Pelzkerl nie unterstehen, Wurzeln anzunagen oder gar kleinere Bäume über Nacht zu fällen. Seine einzige Untugend ist das Hügelaufwerfen. Wenn man also gar nicht umhin kann, ihn wegen solcherlei Petitessen loswerden zu wollen, solle man laut Eipeldauer folgende Schritte setzen:

„Nehmen Sie eine Stichschaufel und stellen Sie sich etwa um halb sechs Uhr früh, um halb neun Uhr und dann alle drei Stunden dort auf, wo der Maulwurf zuletzt gegraben hat. Sie müssen sich aber hinter dem letzten Hügel so aufstellen, dass Sie den Zugang des Maulwurfs, gewissermaßen seinen Laufgraben, hinter sich haben. Sachte auftreten und dann ruhig stehenbleiben. Wenn er zu graben beginnt, Erde auswirft, dann rasch die Schaufel in den Boden stoßen, und zwar so, dass dem Maulwurf der Rückweg verlegt wird, und dann gleich die Erde herauswerfen."

Das mag manchen zu mühsam dünken – oder könnte nachbarliche Bande auf Zerreißproben stellen, wenn der

Würfler kurzerhand in den Nahbereich ausgesiedelt wird. Deshalb: Lasst sie einfach leben.

Die Hügel kann man mit ein paar Handgriffen und mithilfe eines Rechens leicht planieren. Außerdem ist Maulwurfshügelerde so fein, dass sie die beste Blumenerde hergibt. Eipeldauer empfahl, sie mit trockenem Kuhfladengeriebsel zu veredeln. Letzteres aufzutreiben sollte ja gerade im Bauernland Oberösterreich kein Problem darstellen.

Tipp:

Dieses reizende kleine Würfeltier hat übrigens den feinsten schwarzen Pelz der Welt und wird in maulwurfsmörderfreien Regionen bis zu drei, vier Jahre alt. In früheren Zeiten hat man aus den kleinen Kerlen Mäntel und Jacken gemacht. Schreckliche Vorstellung.

Lausiger Sex

*Blattlausinnen brauchen selten Männer
zur Fortpflanzung,
denn würden sie auf die warten,
so stürben sie aus.*

Folgender Dialog spielte sich neulich in einer Tabak-Trafik ab:

Kundin: „Bitte geben Sie mir den billigsten Tabak, den Sie haben."

Trafikantin (zieht zögernd ein braune Papierpackung hervor): „Der hier wäre der billigste. Wollen Sie den wirklich? Weil – gut ist der nicht ..."

Kundin: „Kein Problem. Ich will ihn ja nicht rauchen, sondern brauche ihn für einen Sud gegen Läuse. Es ist der Wahnsinn heuer."

Trafikantin (rückt sofort ein wenig ab): „Aha!" Und in vertraulichem Flüsterton: „Na, dann gehen Sie doch lieber in die Apotheke. Es gibt da ein Shampoo gegen Läuse, das wirkt sicher besser!"

Die Vorstellung, mehrere hundert zentimeterkleine Rosenknöspchen einzeln mit Kopflausshampoo zu bearbeiten, ist entzückend, bringt uns aber nicht wirklich weiter.

Nächster Dialog, weil Läuse sind derzeit offenbar Gesprächsthema:

Biologieinteressierte Medizinexpertin: „Irgendjemand müsste einmal recherchieren, was Mücken und Läuse miteinander zu tun haben."

Ich: „Biologisch, symbiotisch oder – wie?"

Medizinexpertin: „Na, wenn irgendwo viele Blattläuse

sitzen, sitzen fast immer auch so kleine Mücken dazwischen. Ich frage mich, was die dort miteinander treiben. Es handelt sich um ein für mich noch nicht entschlüsseltes biologisches Phänomen, das ergründet werden sollte."

Die Antwort folgt stehenden Fußes: Blattläuse, wie sie im Frühsommer in für Gärtner eindeutig unerfreulichen Massen so gut wie überall, wo es grünt, anzutreffen sind, durchlaufen vier ungeflügelte Larvenstadien. In jedem derselben geben sie sich ihrer Hauptbeschäftigung hin, und die heißt Pflanzensaft trinken und Rosenzüchter ärgern. Zwischendurch, in ihrem kurzen Leben von vier Wochen, werfen sie vierzig bis achtzig junge Läuse und zwar ohne Befruchtung. Die kleinen Biester gebären jungfräulich, sie klonen sich sozusagen unverdrossen selbst, weil angesichts ihrer zahlreichen Feinde haben die gar keine Zeit, um auf Lauseriche zu warten, wenn sie nicht aussterben wollen.

Auf diese Art und Weise bringen es Blattläuse innerhalb eines Jahres auf dreizehn bis sechzehn Generationen, wobei die längste Zeit über nur Weibchen entstehen. Im Spätsommer und Herbst bildet dann gelegentlich eines von ihnen Flügel aus, um schwirrend auf einen anderen Pflanzenwirt zu wechseln. Nach gründlichem Studium diverser wissenschaftlicher Schriften – die entsprechend unverständlich abgefasst wurden – scheinen die geflügelten Lausinnen diejenigen zu sein, die sich dann auf der neuen Wirtspflanze mit Lausmännern umtun, um für das nächste Jahr vorzusorgen. Die befruchteten Eier werden angeklebt und überdauern auch kalte Winter. Im Frühling schlüpfen wieder ausschließlich Weibchen und das Spiel wiederholt sich. Aber jetzt kommt's: Wenn die geflügelten Läuse normalerweise erst im Herbst erscheinen – was sind dann die „Mücken" der biologieinteressierten Medizinexpertin im Frühling? Die Antwort lautet: Sie sind ebenfalls Lausinnen. Denn: Bei Überpopulation warten die Viecher nicht auf die Paarungssaison, sondern nutzen die Gunst der Stunde und schwirren vorzeitig ab. Dasselbe passiert in Windeseile, wenn Feinde, wie Marienkäfer, angreifen. Dann werden Duftstoffe ausgestoßen, die den beflügelnden Prozess beschleunigen.

Tipp:

Über die üblichen, ohnehin hinlänglich bekannten Blattlaus-Bekämpfungsmethoden hinausgehend ist der gezielte Einsatz von Nützlingen wie Marienkäfern, Florfliegen- und Schwebfliegenlarven zu empfehlen. Seit geraumer Zeit kann man etwa Eier auf Folien oder Larven in Wellpappe kaufen. Deren Züchter haben sich zum Herstellerverband Biologischer Pflanzenschutz zusammengeschlossen: www.ivb-ev.org. Nähere Infos und Bezugsquellen gibt es auch unter www.umweltberatung.at.

Maus raus

Sie hassen Lärm und Gestank: Jauchen Sie Wühlmäuse einfach davon!

Der gute Mann im Baumarkt stand eindeutig ganz am Anfang seiner Wühlmauskarriere, denn noch war er tierlieb. Zwar bekundete er schon so etwas wie milde Trauer über das plötzliche Hinscheiden seines schönsten und ältesten Rosenstocks, doch noch hielt er sich in der ansonsten verwaisten Abteilung für Lebendfallen auf. Hier also erhoffte er sich Abhilfe gegen die zugegebenermaßen entzückend anzuschauenden Tiere, deren Nagezähne an strategisch ungünstigster Stelle dem Ziergewächs den Garaus gemacht hatten. In nur einer Nacht, wie der ältere Herr mit sanftem Kummer einwarf.

Die Baumarkt-Angestellten, bodenständige Leute des Landes und sicherlich eher dem katholischen als dem buddhistischen Glauben zugeneigt, warfen einander über die Gänge mitleidige Blicke zu. Schließlich erbarmte sich eine von ihnen und bedeutete dem freundlichen Mann, dass es sich ihrer Meinung nach – welch selbige zu äußern sie natürlich nur privat und inoffiziell befugt sei – bei dieser Investition um schieren Geldrauswurf handle. Wühlmäusen müsse man mit rabiateren Methoden zu Leibe rücken, und die hießen nun einmal Mord und Totschlag.

Solches, so stellte er erbleichend fest, komme für ihn auf keinen Fall infrage, schließlich habe er die braunpelzigen Tierchen heimlich bei ihrem possierlichen Treiben am helllichten Tage beobachtet. Er wolle ihnen nichts zuleide tun, sie vielmehr einfangen, abtransportieren, anderswo der Freiheit überantworten.

Ob er ein paar Wochen später, weniger milde gestimmt, in den Baumarkt zurückkehrte, um sich mit effektiverem Gerät zu bewaffnen, ist nicht überliefert, fest steht aber, dass sich die bis zu dreiundzwanzig Zentimeter großen *Arvicolinae*, deren größte und gefräßigste Art die gefürchtete Bisamratte ist, bis zu dreimal jährlich freudig vermehren und eine Invasion dieser Nager jeden Garten innerhalb kürzester Zeit durch Wurzelfraß mit einer Nachhaltigkeit devastiert, die auch dem Tierliebsten den Zornesschweiß auf die geballten Fäuste tropfen lässt. Lebendfallen – nun denn ...

Wer, sich an dieser Weggabelung befindend, den achtfachen Pfad des Buddhismus dennoch weiter beschreiten will, dem sei geholfen. Wühlmäuse lassen sich auch ohne ihr erzwungenes Ableben vertreiben, wenn man die rechte Beharrlichkeit an den Tag legt. Sie hassen Lärm und verabscheuen Gestank, und eine Kombination aus beidem lässt wieder gärtnerischen Frieden einkehren.

Am erfolgreichsten ist die reichliche Verwendung von Jauche, die man aus Holunderblättern herstellt. Faustregel: Ein Kilo Grünzeug in zehn Liter Wasser plus einer Hand voll Erde etwa zehn Tage bei gelegentlichem Rühren und zugehaltener Nase gären lassen, sodann eins zu vier verdünnen und in Wühlmausgänge sowie auf alle gefährdeten Bereiche gießen – am besten also flächendeckend.

Was die Erzeugungsmethoden von Lärm anlangt, gehen die Geschmäcker auseinander. Spezielle Hochfrequenz-Wühlmausvertreiber gibt es im Fachhandel, sie beschallen einen Radius von etwa dreißig Metern. Manche Gärtner schwören auf in den Boden gerammte Eisenstangen, gegen die sie immer wieder, wenn halt Zeit ist, mit Eisenstäben schlagen, andere lassen Radios leise vor sich hin düdeln, Dritte wiederum graben Flaschen solchermaßen ein, dass der darüber hinstreichende Wind panflötenartige Töne produziert.

Bedauerlicherweise muss zu guter Letzt eine Mär ausgeräumt werden: Das so genannte Wühlmauskraut, auch Kreuzblättrige Wolfsmilch oder *Euphorbia latyris* genannt, ist zwar wunderschön anzuschauen, den Nagern aber völlig egal. Pflanzen Sie das zweijährige Kraut dennoch. Es blüht prachtvoll.

Tipp:
Jauchen aller Art stellen ein unerschöpfliches Reservoir von Düngern und biologischen Schädlingsbekämpfern in jedem vernünftig bewirtschafteten Garten dar. Brennnesseljauche beispielsweise hilft immer gegen Läuse und ist zudem ein vorzüglicher Dünger. Wenn ihnen die Sache zu sehr stinkt, Sie zartes Pflänzchen, geben Sie eine Handvoll Steinmehl auf den Sud. Erst aufbringen, wenn nichts mehr schäumt, und eins zu zehn verdünnen. Laus aus!

Rumble in the Jungle

Gelsen sind ein Scherz gegen Kriebelmücken, und die gibt's auch in Mitteleuropa.

Gewisse grundsätzliche Sicherheitsregeln im Umgang mit fliegenden Insekten sind jedem Gärtner bekannt, so empfiehlt es sich beispielsweise niemals, sorglos mit dem Rasenmäher in Vollbetrieb den Wohnorten von Bienen oder Wespen zu nahe zu treten. Der Hausfriedensbruch hat Konsequenzen, die zu beschreiben sich an dieser Stelle erübrigen dürfte – und außerdem: Selber schuld! Wer Wind sät, wird Sturm ernten.

Doch mit derlei menschlichen Moralkonstruktionen kommt man im Tierreich nicht sonderlich weit, sie enden spätestens in den dunkleren und feuchteren Gebieten des eigenen Gartens. Daselbst lauert nämlich – man könnte jetzt zum Beispiel den Moralbegriff Heimtücke ins Spiel bringen – eine nur wenige Millimeter kleine Mücke auf Nahrung, die sie in Form menschlichen Blutes freudig entgegennimmt.

Die Rede ist nicht von der vergleichsweise harmlosen, sattsam bekannten Gelse oder Schnake. Die kündigt ihr Kommen immerhin freundlicherweise mit monotonem Sirren an und ist blöd genug, sich erschlagen zu lassen – besagtes Insekt hingegen schwirrt völlig lautlos auf friedlich Unkraut zupfende Menschen hernieder, beißt ihnen unbemerkt ein Loch in die Haut, nimmt eine Probekostung, befindet sie für schmackhaft und säuft sich hernach satt. Das hat zweierlei Konsequenzen: Für die ansonsten vegetarisch lebende Mücke jene, dass sie nun endlich Eier legen kann. Für den Gebissenen, dass er etwa 24 Stunden später mit ausgesprochen unangenehmen Beulen herumlaufen wird.

Gelsendippel - zu Deutsch Mückenstiche - oder Wespenstiche sind ein Witz gegen die Beulen, die Kriebelmückenstiche verursachen: Handtellergroße, schmerzhafte Blutergüsse. Wer Pech hat und empfindlich ist, darf mit weiteren Beeinträchtigungen des Wohlbefindens durchaus rechnen. Zitat aus einem Dokument des deutschen Umweltministeriums: „Beim Menschen können starke Allgemeinsymptome bis hin zum Schock mit erheblichen Kreislaufproblemen auftreten." Auf zum Arzt, auf zur Antihistaminsalbe.

Ab Ende Mai ist die Hochsaison der Kriebelmücke angebrochen. Von den etwa 1500 Arten gibt es in unseren mitteleuropäischen Breiten etwa fünfzig. Sie sind zwei bis sechs Millimeter klein, dunkel, gedrungen, sehen eher aus wie Fliegen und tauchen vor allem an feuchten, dunklen und windstillen Orten in Schwärmen auf. Obwohl die *Simuliidae*, so ihre offizielle Familienbezeichnung, ihre Eier nur in fließende Gewässer legen, findet man sie erstaunlicherweise auch in weit von Bächen und Flüssen entfernten Regionen, sprich, keiner ist vor ihnen sicher. Ihre Lieblingswirte sind Pferde und Rinder, Gärtner stellen sozusagen lediglich eine Art Beikost im Speiseplan dar.

Am bissigsten sind die Untiere in den Dämmerstunden. Vorzugsweise naschen sie dann an den unbedeckten Zonen zwischen Gartenschlapfen und Hosenbein. Das ist schon übel genug, doch manch meditativ zu später Stunde über seine Setzlinge Gebeugten haben die Mücken auch schon im Gesicht gestochen, und das braucht wirklich niemand: Rumble in the Jungle! Der Effekt ähnelt jenem der Links-Rechts-Aktionen, mit denen Muhammad Ali seinerzeit George Foreman in Kinshasa zu Boden warf.

Womit wir wieder bei der Moral angelangt wären, denn Ali hatte man vor dem Kampf damals im 74er-Jahr ja durchaus Anleihen in der Zoologie empfohlen: Float like a butterfly, sting like a bee! (Schweb' wie ein Schmetterling, stich wie eine Biene!) Und wenn jetzt jemand mit den ewig blöden Testosteronsprüchen daherkommt, von den Weibchen, die stechen, und von den Männchen, die das brav unterlassen, muss dem entgegengehalten werden, dass Letztere sofort ausstürben, unterließen Erstere ihre Nahrungsexpedition.

Tipp:
Zur Vorbeugung helfen natürlich die obligaten Gelsen- und Mückenmittel in Spray- und Milchform. Bewährt hat sich aber auch der reichliche Einsatz von Lavendelöl. Da das Beuteschema der Mücke die große, dunkle Silhouette des Weideviehs ist, empfiehlt die einschlägige Literatur helle Kleidung, was Gärtnern allerdings wenig helfen dürfte. Sehr gute und erprobte Heilwirkung hat das Mittel „Insecticum" als Spray oder Gel.

Ein bisschen Experimentierfreude
darf schon auch sein, oder?
Vom Zitronengras über das
geheimnisumwitterte chinesische Kraut
bis zum Muskatellersalbei
– die haben's alle in sich,
man weiß ja gar nicht,
wie.

Kraut
& Unkraut

Dschiau, Morgenlulu

Wer gar nicht schlechten Tee trinken und damit uralt werden möchte, muss angeblich Jiaogulan sein Eigen nennen.

Nachdem es an der Apfelessig- und Eigenurintrinkerfront einigermaßen still geworden ist, hat uns nun ein weiteres Heilmittel aus Mutter Naturs großer Apotheke erreicht: das Kraut der Unsterblichkeit.

Keine Frage, dieser Name ist verheißungsvoll, und es ist auch deutlich reizvoller, sich mit Tee auf den Weg des fast ewigen Lebens zu machen als beispielsweise mit dem Morgenlulu. Letzteres ließ ich im Selbstversuch aus, das Kraut der Unsterblichkeit hingegen wurde genauer unter die Lupe genommen.

Nicht, weil man sich davon tatsächlich die sofortige Heilung oder Verhinderung jedweder Gebrechen versprach, sondern weil diese Pflanze recht interessant anzuschauen war – damals im Frühling und im Gartenzentrum: Es stand da ein zierliches, rankendes Gewächs mit sattdunkelgrünen fünffingrigen Blättern in einem schmächtigen Töpfchen. Mitnehmen und aufpäppeln wollte man es, denn für die Ewigkeit schien es nicht gepflanzt. Das war, wie gesagt, vor etwa fünf Monaten. Zwischenzeitlich wuchs sich das vormals magere Kräutlein deutlich aus, ja es überwucherte in Windeseile mehrere Gerüste, kletterte auf Bücherregale und konnte nur durch radikales Abstutzen davon abgehalten werden, über Luster und Vorhangstangen den Weg zu Fenster und Freiheit zu finden. Eine wahrlich vitale Pflanze, so viel steht fest.

Und da man in Südchina, wo das Kraut herkommt, angeblich täglich ein paar Tässchen Tee mit seinen Blättern aufbrüht und regelmäßig über hundert Jahre alt wird, was natürlich auch an anderen Umständen liegen könnte, wie anzumerken wir an dieser Stelle nicht vergessen wollen, lag der Gedanke nahe, die anfallenden Biomassen in diesem Sinne zu testen. Was soll man sagen: Der blassgrüne Tee schmeckt gut. Ziemlich gut sogar.

Seine Tugenden werden von Fach-Chinesen wie folgt gepriesen: Das Kraut enthält Gypenoside sowie die gleichen Inhaltsstoffe wie Ginseng, genannt Ginsenoside. Und noch ein paar andere, über die wir uns als heilwissenschaftliche Banausen nicht äußern sollten. Jedenfalls wahnsinnig gesund ist das alles, und möge die Prophezeiung, das tägliche Tässchen Tee senke Blutdruck und Cholesterinspiegel, verhindere Krebs und stärke das Immunsystem, fördere Stoffwechselvorgänge und gesegnete Nachtruhe, ruhig eintreten. Gut getrunken zu haben und dabei alt geworden zu sein ist ja kein Fehler.

Xiancao heißt das Kraut übrigens in China. Hierzulande wird es meistens unter dem japanischen Namen Jiaogulan verkauft. Ausgesprochen wird das „Dschiau-gu-lan“. Für Insider haben wir sicherheitshalber auch den botanischen Namen parat, der lautet *Gynostemma pentaphylla*.

Das Kraut der Unsterblichkeit gehört zur Familie der Kürbisgewächse und treibt bis zu sechs Meter lange Triebe. Das dauert, wie gesagt, gar nicht lang. Die Pflanze ist zweihäusig, hält es also mit Männern einerseits und Frauen andererseits, weshalb diejenigen unter Ihnen, die Samen ernten wollen, beide brauchen.

Doch das ist gar nicht erforderlich, die Pflanze lässt sich extrem leicht vermehren: Man schneide ein Büschel Triebe ab (zehn bis fünfzehn Zentimeter lang), stecke die in ein Wasserglas, pflanze nach etwa zwei Wochen die gut bewurzelten Triebe ein – und verschenke sie ehebaldigst, so man nicht entweder in Tee absaufen oder überwuchert werden will.

Tipp:

Jiaogulan mag es sehr hell, aber nicht zu sonnig. Zu viel Besonnung wird mit weißen Flecken auf den Blättern bestraft. Die Pflanze kann sowohl kletternd als auch hängend in einer Ampel oder auf einem (hohen) Kasten gezogen werden, was erntetechnisch praktischer ist. Sie wächst auch tadellos im Garten – denn sie ist winterhart bis minus 18 Grad und treibt im Frühjahr wieder aus. Gegossen wird da wie dort reichlich, aber erst dann, wenn das Substrat bereits wieder abgetrocknet ist.

Nicht nur zum Gurgeln …

Worin die ihm nachgesagte sensationell aphrodisierende Wirkung des Muskatellersalbeis liegen mag, darf gerätselt werden.

Vor mehreren Jahren gewannen die Architekten Bettina Götz und Richard Mahnal alias ARTEC völlig zu Recht ganz viele Preise für ein ganz außergewöhnliches Gebäude in Raasdorf. Sie hatten dort einem mehrere hundert Jahre alten Stallgebäude einen aluminiumumhüllten Aufsatz verpasst, in dem die Hausherrin Zita Kern seither ihren wissenschaftlichen Studien nachgehen kann.

Rund um dieses geniale und vielgepriesene Konstrukt: wogende Felder und Kräutergärten und fette Freilandhühner. Letztere konnte man sich zum Beispiel tadellos in Pfannen schmurgelnd vorstellen, gegebenenfalls mit Salbeiblättern verziert, und weil Zita Kern jahrelang die begehrteste Lieferantin feiner Kräuter für die Wiener Spitzengastronomie war, gab es auch von diesem Gewürzkraut eine bemerkenswerte Sortenauswahl.

Doch da Salvien nicht nur Speisen verfeinern und wunde Gurgeln heilen, sondern auch beeindruckende Blüten hervorbringen, wurden ganz besondere Salbeisträuße gepflückt, und zwar vom Muskatellersalbei, weil der gerade blühte.

Diese Giganten unter den Salvien werden bis zu hundertfünfzig Zentimeter hoch, und die prachtvollen Buschen, die uns Zita Kern in den Arm drückte, waren rosa-bläulich-lippenblütig und praktisch kaum zu schleppen – und sie stanken so dermaßen, dass einem die Sinne zu schwinden drohten. Eine olfaktorische Bestimmung, so man sie wagen wollte, ginge in Richtung Schweißgestank, ähnlich dem, der sich nach ein paar Tagen körperlicher Dauerüberanstrengung ohne Deo und bei strikter Unterlassung jeglicher Waschungen ganz selbstverständlich einstellt.

Schnell ein wenig nachrecherchiert und herausgefunden, dass der Muskatellersalbei früher dazu herhalten durfte, sauren Wein mit Muskatelleraroma zu veredeln. Und: Die aphrodisierende Wirkung des Muskatellersalbeiöles soll laut diversen Internetkräuterhexerinnen und -hexern der totale Wahnsinn sein.

Die müdesten und überanstrengtesten Paare, so steht zu lesen, würden augenblicklich putzmunter, sobald Muskatellersalbeiöl irgendwie mit im Spiel sei. Da Letzteres aber schwer aufzutreiben ist und deshalb meinerseits bedauerlicherweise noch nicht zur Anwendung gebracht werden konnte, weist die Geschichte an dieser Stelle jetzt den Mangel eines Erlebnisberichts auf.

Weshalb uns nur der Rat bleibt: Kaufen Sie Muskatellersalbeisamen und streuen Sie sie heuer noch in ihrem Garten an fruchtbaren, aber nicht zu feuchten Stellen aus. Weil: Schön ist er auf alle Fälle.

Tipp:

Salvia sclarea wird, wie gesagt, riesig und braucht viel Platz. Der Muskatellersalbei blüht im zweiten Jahr. Wenn Sie ein paar Blütenstände stehen lassen, sät er sich garantiert reichlichst aus und sucht sich so seine bevorzugten Plätze selbst. Eine gute Kombination geht er beispielsweise mit Apfelminze ein. Er macht aber auch als Solitärpflanze und im Topf mächtig was her. Zu feucht steht er ungern, das Substrat sollte eher in Richtung sandig gehen.

Zitronengrasbohème

Diese überdesignten Kräutertöpfe sind lieb anzuschauen – und darüber hinaus völlig sinnlos.

Pfingsten, das liebliche Fest, war gekommen. Man versammelte den Hof, denn festlich heiter glänzte der Himmel und farbig die Erde, und auf den Dachterrassen und Balkonen der großen Stadt Wien setzte ein feierliches Grillen, Weinflaschenöffnen und Zechen in freundschaftlichem Kreise ein, wie es sich anlässlich der Freiluftsaisoneröffnung geziemt.

Vor allem in den Gefilden des zweiten Wiener Gemeindebezirks durfte eine besondere Dichte festlich-feierlicher Geschäftigkeit bemerkt werden, weil daselbst die zitronengrastrunkene neue Bohème residiert. Und – keine Frage! – die versteht es, Feste zu feiern. König Nobels Zepter ist hier der Kochlöffel, den zu schwingen engagierte Hobbyköchinnen und Hobbyköche wohl verstehen.

Das Kartoffelpüree – mit Dille extravagant veredelt. Der Schweinslungenbraten – in kecker Medaillonform an einem Hauch Ingwer serviert – oder mit Basilikum-Pignoli-Kruste, je nachdem. Der Kräuselsalat – mit Bockshornkleesprossen gespickt. Die Maischolle – über Majoranräucherallerlei zart parfümiert. Die vorangegangene Suppe – selbstverständlich mittels einer ausgewogenen Kombination aus Zitronenblättern und Zitronengras sublimiert. Kurzum, eine aromatisierte Orgie eingedenk Lucius Licinius Lucullus fand hier statt, dass es eine Freude war.

Neben einem (wahrscheinlich aber fast jedem) dieser sich biegenden Tische stand, gewissermaßen verschämt ins Eck gerückt, ein trauriges Gebilde aus gebranntem Ton, aus dessen maulartigen Ausnehmungen da und dort klägliche Pflanzenüberreste staken. Aha! Wieder einmal. Ein Kräutertopf. Auch dieser: Aufgegeben und höheren Mächten überantwortet.

Man habe sich wirklich um diese reizende Kräuterbehausung bemüht, meinte die eben üppige und selbstverständlich vom Markt stammende Petersilienbüschel zerhackende Gastgeberin, doch irgendwie wolle in diesem Topf, der doch in Prospekten, Lifestylemagazinen und Gartenillustrierten stets so hübsch anzuschauen sei, absolut nichts gedeihen.

Natürlich nicht. Wie auch? Die Lebenserwartung eines Kräutertopfes, in dem alles gleichzeitig wuchern soll, entspricht im Schnitt der einer *Ephemoptera*, auch Eintagsfliege genannt, die allerdings vor ihrem kurzen Endstadium sich wenigstens eines mehrjährigen vitalen Larvendaseins erfreut. Nur engagierten Hobbygärtnern mag es ab und zu gelingen, eine gewisse Kräutervielfalt in diesem tönernen Sarg vorübergehend am Leben zu erhalten, wenn sie zum Beispiel mit diversen Erdgemischen, teilweisen Schattenspendern und gezieltem Gießen mit Eprouvetten zugange sind.

Warum? Weil Kräuter ordentlich zu ziehen viel schwieriger ist, als Supermarktmassentopfware und Kräutertopfproduzenten weismachen wollen. Die einen mögen es kühl und feucht, die anderen trocken und heiß, die meisten wollen nicht, manche wenig, vereinzelte ganz viel gedüngt werden. Jene vertragen sich nicht mit diesen, und

Massenkäfighaltung wie eben im Kräutertopf lehnen sie alle gemeinsam prinzipiell sowieso ab.

Das einzige der Redaktion bekannte Würzkraut, das diesen Topf längerfristig zu zieren imstande ist, ist der Thymian in seinen die Trockenheit bevorzugenden Varianten. Ja, na klar, das ist die Lösung: wenn schon kein Zitronengras, dann doch Zitronenthymian. Kommt super zum Beispiel in fein gewürfelten Paradeissalaten. Mit einem Hauch Knoblauch (gehackt, und nicht gedrückt bitte) und grobkörnigem Meersalz serviert. Oder vielleicht doch besser mit dem blumiger-subtilen Bouquet von Fleur de Sel?

Tipp:
Balkone, Terrassen und überhaupt Plätze im Freien lustvoll zu gestalten, ist auch eine Kunst, und wie's funktionieren kann, zeigt der prächtige Band „Wie wir im Freien wohnen" von Stafford Cliff und Gilles de Chabaneix. Kräuter kommen übrigens auch hin und wieder darin vor.

Wer ist er?

Der Federmohn ist ein zarter, fast unbekannter Unhold, mit dem unbedingt Bekanntschaft gemacht werden muss.

Wenn Sie ein Kontrollfreak sind, der den Rasenunkrautvernichter quasi auf dem Nachtkästchen stehen hat und Thujenwürfel vor der Haustüre, ist diese Lektüre nicht für Sie bestimmt. Wenn Sie aber der Fraktion der Dschungelliebhaber angehören, also ein Genießer alles Üppigen, Wilden und Abenteuerlichen sind, müssen Sie schleunigst Bekanntschaft mit *Macleaya cordata* machen. Eine langjährige, heiße Liaison steht Ihnen bevor, vielleicht auch eine Hassliebe – auf jeden Fall aber eine aufregende Beziehung zu diesem prachtvollen Geschöpf, das auch unter dem Namen Federmohn bekannt ist.

Doch was heißt hier bekannt. Erstaunlicherweise ist der Federmohn hierzulande kaum jemandem ein Begriff. Kaum ein Gartenbuch, in dem er auftaucht, und selbst wohlbeleumundete Edelgärtnereien führen ihn (noch) nicht im Programm. Vielleicht, weil eine eigene Gärtnerkraft extra dafür abgestellt werden müsste, den zarten Unhold im Zaum zu halten, was jetzt natürlich eine graziöse Übertreibung, aber der Wahrheit nicht ganz fern ist.

Der Federmohn ist eine ausdauernde Staude, seine Heimat ist Fernost, über den Winter kommt er locker in Gegenden, in denen die Temperaturen nicht unter minus fünfzehn Grad sinken. Im Frühjahr steckt er anmutige, vorerst harmlos scheinende silbergrüne Antennchen aus dem Erdreich, die sich alsbald zu formvollendet lappig-ausgebuchteten Blättern entfalten, die irgendwo zwischen Weinlaub und Ahorn angesiedelt sind, mit einem Schuss Frauenmantel. Ab diesem Moment des Frühlingserwachens kennt der Mohn-Verwandte kein Halten mehr. Bis zu drei Meter Höhe schießt das Gewächs empor und wächst sich zu einem der schönsten Pflanzenungetüme aus, die man sich nur denken kann.

Nähme eine mächtige Zauberfee botanische Gestalt an – genau so würde sie erscheinen: Groß und dabei unendlich zart, silbrig und blaugrün schimmernd, im Hochsommer überrieselt von einem hellrosafedrigen Blütengespinst. Nur den Duft müsste man noch herbeihexen, gleichwohl nicht die Unbezwingbarkeit. Denn so zart und filigran diese Federmohnhexe auch daherkommt, unterirdisch entwickelt sie subversive Gewalten, von denen normalsterbliche Pflanzenkollegen nur träumen können – und vor denen man sie selbstverständlich beschützen muss. Die Rede ist von Ausläufern, die alles überwuchern.

Zu den Fakten: Der Federmohn ist ganz einfach zu kultivieren, weil er die meisten Bodenarten erobert und sowohl prallsonnig als auch halbschattig stehen kann. Zwar liebt er zuweilen feuchte, durchlässige Erde, er gedeiht aber auch ganz gut im Trockenen. Dann bleibt er halt kleiner. Nur Sümpfen und Wüsten ist er doch nicht gewachsen, aber bitte, alles kann man auch wieder nicht verlangen.

Wer einen leidlich kleinen Garten hat und dennoch nicht auf dieses wüchsige Spektakel verzichten will, tut gut daran, Vorsichtsmaßnahmen gegen die Überwucherung der Nachbarpflanzen zu ergreifen. Bewährt ist diesfalls natürlich die Methode, das Gewächs wurzelseitig in einen geräumigen Topfkäfig zu sperren und einzugraben. Oder man greift zu begrenzenden Wurzelfolien, geeignet ist auch Dachpappe.

In China und Japan, der Heimat dieser Pflanze, verwendet man übrigens Federmohnjauche als Spritzmittel gegen Ungeziefer, da die Pflanze giftig ist. Vermehren lässt sich der Federmohn ganz leicht, indem man im Frühjahr Wurzelausläufer ausgräbt und anderswo einfach in die Erde wirft. Für alle Kontrollfreaks, die bis hierher durchgehalten haben, gibt's jetzt eine Belohnung: Es existiert eine weniger wuchernde, zivilisiertere Variante der *Macleaya*, sie heißt *Macleaya microcarpa*, „Kelway's Coral Plume". Versuchen Sie's lieber mit der!

Tipp:

Den Federmohn zu vermehren ist so einfach wie Unkrautzupfen. Man nehme ein paar seiner unterirdischen Ausläufer, werfe sie in die Erde, bedecke sie und warte, bis er austreibt. Die beste Jahreszeit dafür ist der Vorfrühling, aber eigentlich funktioniert die Vermehrung so gut wie immer. Federmohn aus Samen zu ziehen, zahlt sich nicht aus. Jeder Federmohnbesitzer gibt gern – und viel!

Wer die komplizierten Bestäubungsvorgänge rund um die Feigen kennt, schreckt vor Kinkerlitzchen wie Obstbaumveredelung nicht zurück. Die anderen Äpfel und Birnen kommen in die Mostpresse.

Obst & Gemüse

Nur nicht madig machen lassen

Das lebendige Innenleben der Kirschen bemerkt nur, wer nachschaut.

Wir nähern uns einem der fröhlichsten Ereignisse des Schuljahres, nämlich dem Ferienbeginn, und das ist exakt die Zeit, in der die Kirschen reif werden. Die Kombination Schulschluss, Kinder und Kirschbaum ist quasi eine ideale: körperliche Ertüchtigung durch kletternde Tätigkeit bei gleichzeitiger Schulung des Gleichgewichtssinns. Zusammenrotten zu Horden mit gemeinsamem Fressziel. Sammeln wichtiger Erfahrungen in Sachen Auswirkung der Gravitationskraft im Falle des Ungeschicktseins. Stundenlange Beschäftigung an frischer Luft ganz ohne Gameboy-Verblödung. Aufnahme endloser Mengen wertvoller Vitamine und Spurenelemente ohne Iss-jetzt-fixnocheinmal-endlich-deinen-Salat!-Zwang. Kennenlernen aller Stufen beschleunigter Verdauungsprozesse.

Kurzum: So ein Kirschbaum ist eines der besten Spielzeuge, die überhaupt je erfunden wurden, und dass er nur ein paar kurze heiße Frühsommerwochen lang die Klettertouren mit Früchten belohnt, macht diese Zeit umso ersehnter und kostbarer.

Irgendwann allerdings tritt im Leben jedes jungen Kirschenessers unweigerlich ein Ereignis ein, das eine Art Weggabelung darstellt, und zwar dann, wenn man bewusst der ersten Made ansichtig wird – meistens eine pädagogische Sadismusmaßnahme älterer Kirschenfresser. Zugegeben – es gibt appetitlichere Anblicke. In der Folge stehen folgende Möglichkeiten offen: Drauf pfeifen und weiteressen (empfohlen!), oder sich das Vergnügen verderben lassen und jede einzelne Kirsche unter Produktion kleiderverfärbender Säfte aufbrechen und auf etwaige Bewohner untersuchen (abzulehnen!). Im Gegensatz zu den Raupen des Apfelwicklers, die doch beachtliche, kautechnisch aufgrund ihrer Härte durchaus bemerkbare Größen erreichen, sowie irrtümlich zu sich genommenen Blattwanzen, die nicht nur übel schmecken, sondern bei Gefahr noch dazu einen außerordentlich widerlichen Gestank absondern, sind die „Würmer“ in den Kirschen winzig und völlig geschmacklos.

Kirschen – sprechen wir es ruhig aus – sind, so sie nicht ein paar Wochen vor der Reife gespritzt, also mit Gift behandelt wurden, überhaupt meistens „wurmig“, weil Kirschfruchtfliegen emsige kleine Tierchen sind, die bis zu hundertfünfzig Eier legen. Alles, was sie umbringt, ist echt giftig und schädigt Vögel, Bienen und andere Nutzinsekten, bis hin zu Fischen, die das Pech haben, in nahegelegenen Gewässern zu residieren. Bisher wurde jedes zum Einsatz gebrachte Gift irgendwann einmal verboten. In den 1960er-Jahren war es das DDT, später das Lebaycid – und zwar wegen unvertretbarer Auswirkungen auf den Naturhaushalt. Und natürliche Insektizide, mit denen seit einer Weile herumexperimentiert wird, haben eine kürzere Wirkungsdauer und sind nicht so effizient.

Dass maximal zwei Prozent der im Handel erhältlichen Ware laut Norm madig sein dürfen, macht das Leben der Kirschbauern auch nicht leichter. All das erhärtet die These, dass mit Leuten, die nicht zimperlich sind, deutlich besser Kirschen essen ist. Zu Schulzeiten waren all die Tussis, die ihre aufpolierten Jausenäpfelchen pikierlich nach kleinen braunen Fleckchen untersuchten, ja auch irgendwie die Underdogs. Und auf die Gefahr hin, jetzt für überheblich gehalten zu werden, aber in Kenntnis der Ratlosigkeit noch nie einen Baum bestiegen habender Stadtkinder, erklären wir hier jetzt das „Baumkraxeln“ (weil Leiter ist langweilig): Einen kräftigen Ast in Reichweite mit beiden Händen links und rechts fest packen, mit Schwung den Stamm „hinaufgehen“, ein Bein um den Ast werfen, mit der Kniekehle gut fixieren und sich hochziehen. Mahlzeit!

Tipp:

Dass es Süß- und Sauerkirschen gibt, dürfte bekannt sein, dass hunderte Kirschsorten zur Verfügung stehen, schon weniger. Sie unterscheiden sich in Reifezeit, Fruchtfleischkonsistenz und Süße. Wer also im Herbst ein Kirschbäumchen pflanzen will, sollte vorher Sortenstudium betreiben und nicht einfach irgendeinen Baum kaufen. Der Klassiker ist die große schwarze Knorpelkirsche. Die wird im Juni reif und schmeckt saugut.

Feigen können Böcke sein

Deshalb sollte man sich die anderen unter ihnen zulegen.

Wenn Sie zu jenen Leidensgenossen zählen, die irgendwann einmal in der Hoffnung auf orgiastische Feigenernten an den kargen Gestaden des Mittelmeeres ein schönes, wildes Feigenpflänzchen ausgruben, bis dato jedoch lediglich viel Blattwerk und so was von keine Feigen ernteten, dann verzagen Sie nicht. Und begegnen Sie all jenen, die hämisch die Saat des Zweifelns und des Versagens in Ihren Gärtnerbusen pflanzen wollen, fürderhin mit kühlem Abstand. Sie haben alles richtig – jedoch den Bock zum Gärtner gemacht.

Denn mit allerhöchster Wahrscheinlichkeit ist das hübsche Gewächs mit den markanten Blättern in Ihrem Heim eine so genannte Bocksfeige, und um zu erklären, was das nun wieder bedeutet, bedarf es ausholender Erläuterungen: Die Echte Feige (*Ficus carica*) gehört zur großen Gattung der Feigen innerhalb der noch größeren Familie der Maulbeergewächse und tritt in zwei Varietäten auf. Diejenige von ihnen, die – wenn überhaupt – lediglich kleine, holzige und völlig ungenießbare Feigenminiaturen produziert, steht in Ihrem Garten. Sie heißt *Ficus carica var. caprificus* und ist nur insofern zu gebrauchen, als sie sowohl weibliche als auch männliche Blüten produziert.

Letztere, die Männer, sind für die zweite, wesentlich begehrenswertere Varietät, *Ficus carica var. domestica* allerdings von größtem Interesse. Denn dieser, der Haus- oder Essfeige, mangelt es an den eigenen Männchen. Sie bringt nur weibliche Blüten hervor, und die müssen natürlich erst befruchtet werden, damit Sie sich dann im Hochsommer in bis zu hundert Kilo Ernteertrag pro Baum gewissermaßen wälzen können (das dürfte allerdings ein paar Jährchen dauern ...).

Die Befruchtung der Blüten erfolgt über eine Wespenart. Diese legt ihre Eier prinzipiell nur in die Blüten der Bocksfeige. Sie unternimmt jedoch gelegentlich auch irrtümlich Abstecher in Essfeigenblüten, schwirrt dort unter Hintanlassens von Pollen ein wenig umher, befindet die Essfeigenbrutstätte schließlich als unbrauchbar und zieht wieder ab. Das Resultat sind wespenfreie, köstliche Früchte, die einen Zuckergehalt von bis zu sechzehn Prozent aufweisen können.

Um an dieser Stelle mit gewohnt-obligater Präzision fortzufahren, wird festgehalten, dass es sich selbstverständlich um keine Einzelfrucht, sondern um einen Fruchtstand handelt, gespickt mit unzähligen Steinfrüchtchen und deren rot-fleischigen Fruchtstielen. Und außerdem fruchtet die Feige unter optimalen Bedingungen bis zu drei Mal pro Saison.

Wie man nun in Anbetracht dieser unerhört komplizierten Entstehungsgeschichte genießbarer Feigen zu ebensolchen kommt, ohne eine kleine Plantage samt Feigenwespenzucht anlegen zu müssen? Ganz einfach: Man besorgt sich exakt jene mittlerweile erfreulicherweise gezüchteten Essfeigensorten, die nicht nur ganz gut winterhart sind, sondern auch selbst befruchtend. Sie bringen ihre Früchte quasi jungfräulich zur Welt – und sind die Lösung für unsere Regionen.

Allerdings sind wir Bocksfeigenzüchter, sobald wir uns als solche erkannt haben, in einer unverschämt luxuriösen Position, da wir nunmehr auch mit nicht jungfräulichen Essfeigen enormen Erträgen entgegenblicken. Denn wir haben ja Männchen im Garten. Im Gegensatz zu einem gewissen, an Überheblichkeit nicht zu überbietenden Gärtnerkollegen. Der fraß sich eben an den Produkten seiner Feigenjungfrau satt, als ich ihn demütig nach dem Geheimnis seines Feigenerfolges frug – ja als ich händeringend um Rat bat und um Tipps, woran es denn dem eigenen, kläglichen Feigenbastard mangeln könne. Da gab er doch, während ihm klebrig rot der Saft über das Kinn troff, zur Antwort: „Am Zuspruch".

Tipp:

Sollte es in Ihrer Umgebung jemanden geben, dem eine erwiesenermaßen gute, fruchtende Essfeige eignet: Nehmen Sie im Frühjahr Ableger. Bereits verholzte Feigenästchen wurzeln sowohl im Wasser als auch im Sand-Erde-Gemisch relativ gut. Die Stecklinge sollten etwa 25 Zentimeter lang sein. Die Pflanze muss, sobald ausgepflanzt, möglichst sonnig und geschützt stehen. Und Wind- und Frostschutz im Winter sind hierzulande unerlässlich.

most

Husch, Pfusch, Tusch

Frischer Most in Glasflaschen explodiert super, wenn man so blöd ist, diese zuzustoppeln.

Mitunter kann man von regelrechten Apfel- der Birnenjahren sprechen. Dann sind die Obstmassen kaum zu vertilgen, weshalb man aus den überschüssigen Früchten zum Beispiel Most pressen kann.

Das ist sehr einfach, wenn man das richtige Werkzeug hat, weil auf das kommt es an: Ein gutes Werkzeug ist das halbe Leben, pflegten schon diejenigen zu murmeln, die Letzteres mit ihrer Hände Arbeit zu bewerkstelligen pflegten.

Neben ein bis zwei – oder auch mehr – möglichst kräftigen Kerlen und Kerlinnen braucht man also eine „Obstmühle", landläufig Obstreib'n genannt, sowie eine Obstpresse. Mit Ersterer werden die Früchte zu einer Maische zerhäckselt und erst dann in Letztere zum Zwecke des Pressens gefüllt, auf dass süßer Obstsaft in breitem Schwall in die Kübel schäume. Schmeckt genial. Besonders die Cuvée aus Apfel-Birne.

Mit dem Most hat es aber folgende Bewandtnis: In ihm wüten Hefen und andere klitzekleine Organismen, und die produzieren nicht nur Alkohol, sondern gleichzeitig auch noch alle möglichen Gase, was – ohne kräftigen Gegendruck – zu einer unvermeidlichen volumsmäßigen Ausdehnung der gesamten Angelegenheit führt. Leute, die den Genuss von Bohnen nicht vertragen, kennen diesen Effekt unter Umständen aus einer anderen Perspektive, aber bleiben wir doch lieber beim Most per se.

Der gärt also, wenn man ihn lässt, und zwar ab der Sekunde seiner Entstehung. Weil aber wirklich nicht unbedingt in allem, was man in sich hineinkippt, Alkohol sein muss, gibt es verschiedene Methoden, den Gärungsprozess zu unterbinden, um den Süßmost zu konservieren. Außerdem: Stoppelt man eine Süßmostflasche wirklich dicht zu, hat man eine Bombe produziert, die lebensgefährlich sein kann. Eine explodierende Flasche katapultiert die Glasscherben zentimetertief ins Mauerwerk – also keine Experimente bitte!

Die beste Konservierungsmethode besteht darin, den Most zu pasteurisieren, sprich kurz zu erhitzen und dadurch die Keime möglichst gründlich ums Eck zu bringen. Die Mostbauern machen das zum Beispiel mit gewaltigen Tauchsiedern samt Thermostaten, die sie in kostspieligen Edelstahlfässern versenken, bei deren professionellem Anblick unsereiner feuchte Äuglein vor Begehren bekommt.

Man kann sich auch mit sogenannten Druckfässern (ca. fünfzig Liter) begnügen, in denen der durch die Gärung aufgebaute Druck ebendiese stark verzögert – aber doch nicht ganz verhindert.

Die ideale Lösung für Schrebergarten- und Hobbymostpresser sind die großen Fünfundzwanzig- bis Dreißig-Liter-Töpfe, die elektrisch betrieben werden, den Inhalt thermostatgeregelt auf die perfekte Temperatur erhitzen und noch dazu über Auslasshähne verfügen, mittels derer der Most einfach und ohne großes Gesabbere in Flaschen abgefüllt werden kann.

Man erspart sich mit diesen Gerätschaften übrigens auch im Frühling das Hollersaft-mit-Schöpfern-durch-

Trichter-Abfüllen. Wie gesagt: Ein gutes Werkzeug ist das halbe Leben. Und als Stoppel unbedingt die roten Gummikappen verwenden, wie schon die Omi. Sicher ist sicher.

Tipp:

Bevor Sie mit dem Mostpressen loslegen, erkundigen Sie sich bei den Landwirtinnen und Landwirten Ihrer Umgebung, welche lokalen Mostapfel- und Mostbirnensorten die besten sind. Sollten Sie weder über eigenen Bäume und die entsprechende Ernte noch über freundlich gestimmte obstreiche Nachbarn verfügen: In den meisten Lagerhäusern wird Fallobst zu genau diesem Zweck billig verkauft.

Miezen muss man eingraben

*Aber natürlich nur,
wenn es sich dabei
um Erdbeerpflanzen handelt.*

Die besinnliche Hochsommergärtnerruhe – man könnte in ehrlichen Momenten auch von grenzenloser stinkender Faulheit sprechen – wurde dieser Tage empfindlich durch folgende Information gestört: Sollen Erdbeerpflanzen in der kommenden Saison ordentlich Frucht ansetzen, müssen sie allerspätestens jetzt in die Erde. Die Betonung liegt auf allerspätestens, weil die braven Geschöpfe im Gegensatz zu den Müßiggängern unter uns bereits vorarbeiten und bis in den Herbst hinein unverdrossen ihre Knospenanlagen für den Frühling ausbilden. Je mehr davon, desto reicher die Ernte – eh klar.

Wer also nicht nur faul, sondern auch noch gierig ist und kommenden Sommer ordentlich schoppen will, möge sich ächzend aus dem Liegestuhl hieven, das Beet umgraben oder geräumige Töpfe vorbereiten und zu den einschlägigen Gärtnerbetrieben der Region eilen, um die letzten dort noch verfügbaren Pflanzen zu erstehen. Wenn wir Sie dabei schon nicht unterstützen können – weil wir nämlich ebenfalls gerade mit erdverkrusteten Pranken zugange sind, so können wir wenigstens ein paar Hinweise bieten, was die Sortenwahl anlangt.

Seit einigen Jahren hat sich das Erdbeerpflanzen-Angebot erfreulich diversifiziert. Erdbeere ist längst nicht mehr Erdbeere, und jeder Gartenmarkt, der was auf sich hält, bringt allerlei Vielfalt unters gärtnernde Volk.

Wenn Sie zum Beispiel irgendwo im Töpfchengrün ein Schild mit Aufschrift „Mieze Schindler“ erblicken, sollten Sie augenblicklich den größten zur Verfügung stehenden Einkaufswagen schnappen und eine ausreichende Menge dieser exquisiten Pflanzen an sich raffen. 1925 von Otto Schindler in Dresden gezüchtet und nach der Ehefrau dieses Gartenerdbeerwohltäters benannt, liefert die jahrzehntelang fast vergessene Sorte ein sensationelles Waldbeeraroma frei Haus. Der Nachteil: Der Ertrag ist deutlich geringer als bei herkömmlichen Sorten, die Früchte sind kleiner, die Pflanzen brauchen zusätzlich Bestäuberpflanzen, die dazwischen gesetzt werden sollten.

Doch das wird uns keineswegs zur Qual werden, denn die Wahl könnte ja beispielsweise auf andere Quellen lukullischer Freuden fallen, wie etwa auf die Sorte „Mara des Bois“. Die französische Kollegin schmeckt nur unwesentlich weniger waldbeerig, hat aber den großen Vorteil, den ganzen Sommer über bis in den Frost Erdbeeren zu produzieren, während die meisten anderen Sorten einmal tragend sind. Von Experten des Weiteren empfohlen sind die Sorten „Wädenswil“ oder „White Pineapple“. Aus eigener Erfahrung darf noch „Lambada“ lobend erwähnt werden.

Während wir also hektisch die Gartenkralle wetzen, dürfen die Klügeren unter uns derweilen in ihren Liegestühlen weiterlümmeln, weil die nämlich bereits im Juli mit der gebotenen Sorgfalt die so genannten „Kindeln“ ihrer Erdbeerpflanzen in neue Betten verfrachtet haben. Erdbeeren bilden diese Jungpflanzen an Ausläufern aus, die „Jungen“ verändern sich dementsprechend genetisch nicht, sie bleiben sortenrein, so gesehen bringt man es binnen weniger Jahre auf ganze Erdbeerfelder. Wenn man will.

Zu kaufen gibt es diese Super-Früchte nur in Ausnahmefällen. Denn ihre Lagerfähigkeit ist äußerst begrenzt, und herkömmliche Erdbeersorten liefern bis zu siebenmal mehr Ertrag. Der Aufwand lohnt sich für kommerzielle Zwecke dessentwegen kaum, dafür ist der Geschmack bis zu hundertmal besser. Mindestens!

Tipp:

In feuchten Sommern empfiehlt es sich sehr, unter die sich abzeichnenden Erdbeermassen Ihres vorbildlich sicher bereits im Juni angelegten Erdbeerbeetes Stroh aufzubringen. Erdbeeren neigen zur Fäule, und die überträgt sich rasch von einer Frucht zur anderen. Ein Bett aus Stroh hilft wunderbar dagegen. Aber verwechseln sie es bitte nicht mit Heu, sonst beschleunigen Sie den Fäunlnisprozess auf's Heiterste.

Krumme Dinger

Wer soll sich da noch auskennen, wenn nur die unfruchtbaren Bananensorten diejenigen sind, die tatsächlich Früchte tragen.

Tatsächlich sind Bananenstauden ein echtes Unkraut und kaum umzubringen. Sie wuchern in der für Leute, die das Dschungelige gern haben, befriedigenden Geschwindigkeit und entrollen hurtig ein schönes Blatt nach dem anderen.

Irgendwann erreichen sie auch Höhen und Durchmesser, die insgeheim und frohlockend an anderes als Blattwerk denken lassen, nämlich an süße, köstliche Früchte: Bananen aus der Eigenzucht, das wär doch was!

Na, du fettes Monstrum, ist man versucht zu sagen, während das Auge wohlgefällig über pralle Strünke und ausladende Blattwedel schweift, willst du nicht endlich zur Blüte kommen? Haben wir in deine Blätter nicht schon genug Fische gewickelt und zum Entzücken der Gästeschar aufs Exotischste geschmort? Nachspeise, bitte!

Habe ich dich denn nicht hingebungsvoll gepflegt und umgebettet, dir die größten Töpfe, die beste Erde gegönnt, deine Staubfängerwedel regelmäßig mit entkalkten Güssen erquickt, dich sommers ins Freie, winters ins Warme geschleppt, was jährlich kräfteraubender wurde, und habe ich deiner Opulenz nicht schon lang genug viele Quadratmeter Wohnraum zur Verfügung gestellt? Wo ist mein Lohn dafür, o *Musa*? Bananen will ich, Ba-na-nen!

Nichts. Es tut sich nichts. Rund um mittlerweile alternde, ganz offensichtlich zeitlebens keine einzige Banane zu spenden bereite *Musa*-Stämme sprießen derweilen fröhlich unzählige Jung*musae*. Wenn die alle in eigene Töpfe gesetzt werden, gibt das in Bälde einen Bananenwald. Und in ein paar Jahren ... – nicht auszudenken. Aber: Bananen gibt's immer noch keine.

Und es wird auch nie welche geben – denn nach jahrelangem Bananenstaudenzüchten geht man der Sache dann doch schließlich leicht enerviert auf den Grund und lernt, dass es sich bei diesen strammen Exemplaren mit allerhöchster Wahrscheinlichkeit um eine Zierbananenart handelt, aus Kernen gezogen, billig im Baumarkt erworben, nur für die Schönheit gut. Schlange und Busen und so.

Was wir brauchen, sind die Fruchtbananen, *Musa x paradisiaca* zum Beispiel. Die gibt es aber kaum zu kaufen, weil sie lediglich vegetativ, also durch Ableger, vermehrbar sind. Durch Zucht unfruchtbar geworden, bilden sie ihre Früchte ohne Bestäubung aus, und demzufolge entwickeln sie auch keine Kerne. Die billigen kleinen Bananenpflanzen, die gern an Supermarktkassen feilgeboten werden, weil sie so hübsch anzuschauen sind, werden aber praktisch immer aus Kernen gezogen, sind also ganz die falschen für unsereinen.

Dass das Bananenernten auch unter gar nicht sonderlich optimierten Bedingungen glücken kann, wird alljährlich in einer südniederösterreichischen Schule bewiesen: Irgendjemand hat dem Schulhaus mit der schattigen und kühlen Aula vor Jahren eine Bananenstaude geschenkt, die zu groß für die Wohnung geworden war. Sie wird gegossen und sonst nichts, dafür dankt sie aber stets gegen

Schulschluss mit Bananenbuschen von mittelamerikanischer Qualität. Quod erat demonstrandum.

Kleine, dicke, saumäßig aromatische Bananen sind das, genau solche, wie man sie von Reisen kennt, aber bei uns kaum auftreiben kann. Denn das Aroma der herkömmlichen Zuchtbananen hat deutlich nachgelassen, seit die „Panama-Krankheit" die noch in den 70er-Jahren allseits beliebte Sorte „Gros-Michel" dahingerafft hat. Derzeit verzweifeln wir hauptsächlich an der weniger interessanten Sorte „Cavendish". Dabei gibt es noch viele andere und viel bessere, aber nicht so transportgeeignete Sorten. Deshalb starten wir an dieser Stelle einen Aufruf: Wer kann uns verraten, wo wir Bananenliebhaber die richtigen Bananenpflanzen erwerben können? Die Liste wird selbstverständlich veröffentlicht, damit allerorten kleine, duftige, aromatische Bananen sprießen.

Tipp:

Bananen lieben Wärme, Wasser, Dünger, guten Boden und möglichst viel Licht. Sie sind einfach zu ziehen, wachsen extrem schnell und bilden große, attraktive Stauden. Zu vermeiden sind Staunässe und Zugluft. Idealerweise verfrachtet man sie im Sommer ins Freie und bringt sie erst wieder kurz vor dem Frost in Innenräume. Zu große oder kranke Stauden einfach abschneiden, sie treiben garantiert aus dem Wurzelballen wieder aus. Einziges Problem: Bei Lufttrockenheit neigen sie zu Spinnmilben.

Von selbigen lassen wir uns natürlich
sowas von nicht einschüchtern,
sondern höchstens anspornen.
Das Pech von gestern ist
die Beglückung von morgen,
weil wir mit jedem Tag klüger werden.
Oder glauben Sie, dass wir
die Kapuzinerkresse noch einmal
mit Unkrauttod düngen werden?

Pech & Pannen

Der Frost, das Gfrast

An den viel zu warmen Wintertagen können sich nur diejenigen erfreuen, die keinen Marillenbaum in ihrem Garten haben.

Diesmal malen wir einen Teufel an die Wand, der – noch! – aus seiner Höhle nicht hervorgekrochen ist. Doch wir erwarten ihn mit Bangigkeit, denn seine Zeit kommt, und er ist furchtbar: der Morgenfrost im Obstgarten.

Natürlich setzt dieser Satanas der Kälte seine zerstörerischen Kräfte regelmäßig dann frei, wenn die ersten Bäume zu blühen begonnen haben, und seine häufigsten Opfer sind die zarten weiß-rosa Marillen- oder Aprikosenblüten. Die kann er innerhalb weniger Stunden hinwegraffen, und dann ist es mit sommerlichen Marillenknödelorgien und Marmelade-Einkochfesten aus eigener Zucht vorbei. Sind die Blütenknospen noch geschlossen, überleben sie mit Glück Temperaturen bis zu minus fünf Grad. Sind sie jedoch bereits geöffnet oder haben die Bäume schon Früchte angesetzt, ist ab minus zwei Grad der Ofen aus.

Die Aprikose, die als Königin unter den Obstbäumen gilt, zählt beklagenswerterweise zu den extremen Frühblühern, was ihre Kultivierung in unseren Breiten nicht gerade vereinfacht. Länger andauernde Warmwetterphasen im Vorfrühling treiben diese ursprünglich aus China stammenden Töchter der Gattung der Rosengewächse oft zu aberwitzig früher Blüte.

Besonders Bäume in Südlagen, deren Stämme von der Sonne aufgewärmt werden, sind gefährdet. Sie blühen in manchen Jahren schon Anfang März, was eine biologische Verschwendung der Sonderklasse darstellt, weil der Frost bis in den Mai hinein seinen Schabernack treibt und diese Blüten unweigerlich verloren sind.

Wie kann man dem Frostteufel ein Schnippchen schlagen? Nicht einfach, aber ein paar Waffen haben Obstgärtner doch im Köcher. Beginnen wir mit der Prophylaxe: Bis zu einem gewissen Grad kann die Blüte verzögert werden, indem der Sonne ausgesetzte Stämme mit einem weißen Kalkanstrich kühl gehalten werden.

Besser ist es aber, die Standortwahl genau zu überdenken, bevor man überhaupt einen Marillenbaum pflanzt. Südhänge sind, wie erwähnt, ein Fiasko, es sei denn, Sie stehen in der Gnade, einen Garten in Süditalien bewirtschaften zu dürfen. Auch Mulden und Senken eignen sich weniger, weil sich die kalte Luft darin ansammelt. Wer über ausladende Dachvorsprünge verfügt, sollte einen Marillenspalierbaum in Erwägung ziehen. Die Tiroler Bauern haben mit dieser Methode noch in Seehöhen von achthundert Metern Erfolg, und mit ein bisschen Pflege und Hingabe kriegt das jeder Durchschnittstalentierte auch hin.

Professionelle Obstbauern begegnen dem Frost mit Beregnungsanlagen. Die Blüten werden besprüht, doch die Wirkung dieser Vorgehensweise beruht nicht, wie fälschlich angenommen, auf dem isolierenden Effekt, den die entstehende Eisschicht rund um die Blüten hat. Es ist vielmehr die Eigenschaft des Wassers, bei der Eisbildung rund achtzig Kilokalorien Wärme pro Liter abzugeben, die eine lokale Miniheizwirkung ausübt. Sollten Sie diese Methode tatsächlich in Erwägung ziehen, machen Sie sich auf lange, kalte Nächte mit dem Gartenschlauch in der

Hand gefasst – oder versorgen Sie sich mit feinsprühenden Gartenberegnern und Zeitschaltuhr.

Man kann seinen Obsthain notfalls auch mit teuren, energieverschleudernden Geräten mit dem Namen „Frostbuster“ beheizen. Das sind Gasverbrenner mit Gebläse, die vor allem jene in Katastrophennächten zum Einsatz bringen, die den Obstbau professionell betreiben. Letztlich ist das alles aber eine Gratwanderung, und das beste Gegenmittel für den Frost ist der Frost selbst, der möglichst lange andauern und die Blüten noch ihren Winterschlaf halten lassen möge.

Tipp:

Erkundigen Sie sich in der Baumschule Ihres Vertrauens nach den jeweils geografisch günstigsten Aprikosensorten: In Regionen mit Spätfrösten werden nur möglichst spät blühende Sorten zum Erfolg führen, wie „Rouge Tardive Delbard“ oder „Bergeron“. Oder Sie pflanzen den Baum in einen Trog, halten ihn klein und schleppen ihn gegebenenfalls in frostsichere, hausnahe Zonen.

Her mit den Trompeten

Weil auf das „Rose von Jericho“ genannte Marketingwunder ist kein Verlass.

Man möge, so befiehlt die Gebrauchsanweisung, all jenen armen Sündern, die schlicht genug waren in ihrem Geiste, um eine Rose von Jericho käuflich zu erwerben, man möge also eine flache Schale mit Wasser befüllen und die Rose mit äußerster Behutsamkeit dort hineinlegen. Sodann, heißt es weiter mit Demut und Ergriffenheit, werde man bald das Wunder erleben. Höchstpersönlich und unweigerlich.

Ja, das Wunder.

Dieses besteht darin, dass nach ungefähr einem Dutzend zehrender Stunden des Wartens Folgendes passiert ist: Ein ausnehmend unansehnliches eingeringeltes braunes Büschel – die Rose! – hat sich zu einem nicht minder hässlichen, dafür etwas grüneren Flecken entrollt. Aha.

In unserem Glauben an diese Art von Wunder mittlerweile doch etwas erschüttert, können wir über die Rose von Jericho bei jenen nachlesen, die noch nicht abgefallen sind vom Glauben an sie: Sie habe es auf dieser Seite des Lebens geschafft, die Ewigkeit zu ihrem Genossen zu machen. Sie lebe uns vor, dass auch nach Zeiten der Dürre Belebung wieder möglich sei, und dessentwegen gelte sie in schweren Zeiten als Symbol der Zuversicht.

Ha! Täuschet euch nicht. Man führet euch in die Irre. Denn belebt wird hier gar nichts mehr. Die Rose ist bereits längst hinüber. Jawohl, sie ist auf die andere „Seite des Lebens“ gewechselt, komplett hin – und außerdem ist sie mit noch größerer Wahrscheinlichkeit die Falsche Rose von Jericho.

Doch das tut auch kaum was zur Sache, denn die Echte Rose von Jericho ist ein ganz ähnlich garstig anzuschauendes Gewächs wie jenes, das uns gerade jetzt in der langen Zeit vor Weihnachten so gerne in Blumenläden angedreht wird. Und beide funktionieren nach demselben Prinzip: Die vermeintliche Auferstehung dieses Geschöpfes von Mutter Natur erfolgt auf physikalischem Weg über die Kraft der Kapillaren, die sich mit Wasser füllen und eine hydrostatische Spannung hervorrufen, die zum Entrollen der Pflanze führt.

Sie bläst sich sozusagen mit Wasser auf, und das macht sie immer und immer wieder, wenn man sie trocknet, befeuchtet, trocknet. Und es bedeutet nichts. Gar nichts. Das Wunder – es findet nicht statt. Und übersieht man das rechtzeitige Trocknen, dann fault und schimmelt das krause Teil binnen Wochenfrist vor sich hin. Von Rosen jeder Art, so viel steht fest, ist dieses Wüstengewächs sehr, sehr weit entfernt.

Es muss ein Marketinggenie gewesen sein, wer diesem Pflanzenartikel den Namen gab. Denn nur durch diese gottgeküsste Titulierung lässt sich erklären, dass Menschen für ein übles Büschel Stroh tatsächlich harte Euro auf den Tresen legen und auf ein Wunder warten.

Doch lauschet dem hingehauchten Wort: Rose von Jericho – geheimnisvoller geht's gar nicht. Allein dieser Name suggeriert mysteriöse Rosenwunder, orientalische Üppigkeiten, verzaubernde morgenländische Düfte, allein durch Wasser aus dem Nichts dieses Büschels geboren.

Und dann Jericho. Jericho! Da war doch was, da geschahen doch enorme Dinge, sieben Trompeten erschallten, Stadtmauern stürzten ein, Wege in das Gelobte Land wurden frei. Und die Rose von Jericho – irgendwie war sie damals dabei, als all diese Wunder geschahen, und ihrem verknäuelten Inneren wohnt noch ein Funken dieser Wunder inne, und wenn sie sich entfaltet, dann springt der über auf uns.

Oder so ähnlich. Wie gesagt: Marketinggenie.

Die Echte Rose ist übrigens in den Wüsten des Sinai und Israels beheimatet. Die Falsche Rose stammt aus den Trockengegenden Nordamerikas und Mexikos. Dort ist sie jeweils sehr gut aufgehoben.

Tipp:
Sie können das natürlich halten, wie Sie wollen – oder besser, glauben. Doch ob das Wasser, in der sich die Rose von Jericho wieder entfaltete, tatsächlich ein guter Zusatz für Bäder, Wäsche-Waschwasser et cetera ist, darf doch zumindest bezweifelt werden. Doch sogar das kriegt man gelegentlich zum Kauf angeboten.

Verlust ist Gewinn

Im Herbst wird es – Überraschung!
– kalt, was manchen völlig egal sein kann.

„Auch heuer“, so sprach Susanne O. gänzlich ohne erkennbare Emotion, „wollte es mir einmal mehr nicht so recht gelingen, den Garten rechtzeitig wintertauglich zu machen – sprich, ich wurde wie jedes Jahr empfindlich von den plötzlich über uns kommenden Frösten des Herbstes überrascht.“

Da sind wir freilich schon zu zweien. Im Herbst wird es immer schneller kalt, als man glauben möchte. Und kalt heißt im Garten natürlich exakt: null Grad Celsius und darunter. Eis. Pflanzenzellensprengende Kräfte und damit unweigerlicher Tod nicht endemischer, wärmegewohnter Pflanzen über Nacht. Verantwortung!

Doch wir, die Susanne O. und ich, sind im Gegensatz zu unseren hektisch werdenden Nachbarn ganz gelassen, wenn, wie die TV-Oberwetterfröschin zu sagen pflegt, das „Quecksilber“ zu sinken beginnt.

Weil wir haben kaum was zu verlieren. Wir haben nämlich bereits alles verloren, was nicht frost- und raureiffest ist. Ein herrlicher, ein wahrlich anstrebenswerter Zustand – quasi einer jener seltenen Glücksfälle, in denen Verlust zum Gewinn wird. Wir trinken wärmenden Ingwertee, während rund um uns Gärten ausgeräumt, Erdkübel eingepackt, Töpfe in die Keller geschleppt, Ehen und andere Beiziehungen angesichts ungerecht verteilten Arbeitsleides in Frage gestellt werden und überhaupt mächtig Schweiß fließt.

Noch vor wenigen Jahren hatten wir uns in genau dieser Zeit, wenn der Herbst von gerade noch Plus auf jetzt aber wirklich Minus kippt, ebenfalls mit solchen sehr anstrengenden und das Kreuz schädigenden Materialbewegungen befasst. Gezwungenermaßen. Quecksilber und so. Wie bekommt man aber einen über den Sommer etwa drei Meter hoch gewachsenen Oleander, der zudem noch immer in voller Blüte steht, in den etwa zwei Meter niedrigen Keller? Genau: Abschneiden! Aber will man das?

Wie befördere ich einen etwa hundertachtzig Kilo schweren Blumentopf samt Bananenstaude durch das Stiegenhaus in das Wohnzimmer? Genau: Allein sicher gar nicht, und die vorhin erwähnte beziehungstechnische Infragestellung wurde in einer der Vorsaisonen bereits nachhaltig, um nicht zu sagen letztgültig beantwortet.

Wie kriege ich die Dahlienknollen während des von böigem Wind gut gepeitschten kühlen Herbstschauers aus dem bereits morastig-pickigen Boden? Genau: Ausschließlich mit äußerstem Missvergnügen – und da wir solches in unserem Streben nach epikureischer Zufriedenheit nicht dulden (da sind wir uns wirklich einig, die Susanne O. und ich), ließen wir solcherlei gärtnerische Liebhaberei der Exotik irgendwann einmal bleiben.

Oleander, Engelstrompeten, Kapmalven – all diese lieblichen Geschöpfe wärmerer Gefilde erwiesen sich der Reihe nach weder unserem Klima noch unserer – nun – Pflege gewachsen und gingen stumm von uns, hinweggerafft von überraschenden Abend-, Morgen- und Zwischendurchfrösten. Und seither ist Ruhe, und es kann frieren, was es will.

Unsere Keller sind auch winters herrlich leer und völlig frei von dahinsiechenden Topfblumen und Pflanzengerippen. Und wir schöpfen quer durch alle Gartensaisonen, auch was Kübelpflanzen angeht, ausschließlich aus der unendlichen, garantiert frosttauglichen Vielfalt der heimischen Flora. Im Winter bleiben die draußen, und außerdem schauen raureifüberzuckerte Storchschnäbel, Katzenminzen, Wasweißichnochnichtse reizend aus.

Tipp:
Wer trotz Saumseligkeit und Faulheit dennoch die eine oder andere Topfpflanze exotischerer Provenienz sein eigen nennen will, sollte auf Agapantus oder Korallenstrauch zurückgreifen. Diese beiden sind die Geduldigsten unter den Kellerüberwinterern. Die schaffen die kalte Jahreszeit sogar, wenn man ihrer völlig vergisst und erst im Frühling erschrocken die Gießkanne zückt.

Kolbenreiber im Blumentrog

Mit Kapuzinerkresse einen gärtnerischen Totalschaden hinzulegen ist schon eine Kunst.

Es gibt normalerweise überhaupt keine deppensicherere Pflanze als Kapuzinerkresse. Die gedeiht selbst unter den Fingern von Unmenschen, die Heu nicht von Stroh unterscheiden können, und zwar unter folgenden geradezu lächerlich simplen Voraussetzungen: Man kaufe, ernte oder raube von anderen Kapuzinerkressegärtnern Samen, werfe sie zwanglos irgendwohin – unter Stauden, Bäume, in Töpfe oder Rabatte – es ist so gut wie egal. Dann scharre man sie fleißaufgabenmäßig ein wenig unter die Erde – und schaue beim Wachsen zu, welchselbiges mit erfreulicher Geschwindigkeit vonstatten geht, weil die Kapuzinerkresse diesbezüglich eine Art Formel-1-Bolide unter den Pflanzen ist.

Das Einzige, was sie benötigt, ist der Treibstoff Wasser in ausreichenden Mengen – und Gießen werden Sie ja wohl noch können, oder?

Na sicher, Sie sind ja nicht ich, die ich nunmehr nach jahrelangen rauschenden Kapuzinerkressetriumphen die zweite Saison in Folge empfindliche, nachgerade rufschädigende Kapuzinerkressecrashes erleiden muss. Zumindest der heurige Totalschaden ist unerklärlich.

Nach einem ausgesprochen verheißungsvollen Frühjahrsstart, der in meterlange, sattgrüne Horizontalen samt Blütenansätzen mündete, kam es zu einem plötzlichen unerklärlichen Stillstand. Auf dem ansonsten immer so tadellos-silbrigen, mit dem Lotuseffekt gesegneten und dadurch extrem säuberlichen Blattwerk begannen sich gefährliche weiße Pünktchen abzuzeichnen, die irgendwie was von extraterrestrischen Parasiten aus ganz bösen 70er-Jahre Sci-Fi-B-Movies hatten. Diese Pünktchen wuchsen und bemächtigten sich mit erstaunlicher Geschwindigkeit der gesamten Pflanze.

Irgendetwas Übles war im Gange, das war klar – aber was? Es wird nicht mehr herauszufinden sein, weil die quasi zu papieren raschelnden Mumien degenerierten Opfer bereits im Misthaufen begraben sind. Der Mantel des Humus breite sich über diese Schande, und das Letzte, was man in solchen Fällen brauchen kann, ist Mitgefühl oder schlechte Nachrede.

Von Letzterer gibt es sowieso noch genug, und zwar seit dem Vorjahr. Damals standen die Kapuzinerkressen jung und rank, stark und saftig wie die Einser in den Trögen, und es war eine einzige große Freude mit ihnen. Doch dann kam der heiß-trockene Tag, an dem man spätabends von der Fron heimkehrte und die Guten im Scheinwerferkegel des Autos durstig hingestreckt auf dem Kies liegen sah.

Kurz aufschreien, aus dem Auto springen, die beglückenderweise bereits gefüllte Gießkanne ergreifen und Erste Hilfe leisten war eins, der glasklare Moment der Erkenntnis wenige Augenblicke später ein anderes. Denn mit den letzten Tropfen vermeintlich lebensspendender Feuchtigkeit entquoll der Gießkanne auch ein kleines, nicht aufgelöstes Restchen des Unkrautsalzes, das darinnen sorgfältig und kräftig dosiert am Vortag angerührt worden war, um eben jenen Kies einer pedantischen Makellosigkeit zuzuführen. Fix, wie kann man so etwas nur vergessen!

Was soll man noch sagen. Hektisches, von unflätigen Flüchen begleitetes Ausschwemmen nützte natürlich rein gar nichts, alle Wiederbelebungsversuche scheiterten. Ein paar Tage war zwar noch Hoffnung, doch dann war alles vorbei. Die Verblichenen hingen schlapp über die Trogränder. Es war, als hätte man einem Formel-1-Boliden Sprit mit Zucker verabreicht: Kolbenreiber – aus.

Tipp:

Vor allem die Blüten der Kapuzinerkresse schmecken ausgezeichnet. Sollten Sie bereits im Garten einen kleinen frisch-scharf-süßen Snack zu sich nehmen wollen – schütteln Sie etwaige Bienen vorher aus den Blütentrichtern heraus ... Dann verdauen sich 285 Milligramm Vitamin C auf 100 Gramm doch weit angenehmer. Das hierzulande einjährige Kraut stammt im Übrigen aus Südamerika, es wurde im 17. Jahrhundert in Europa eingebürgert und gegen Skorbut verabreicht.

Ein wenig innehalten und nachdenken,
wie das alles noch besser und schlauer
gemacht werden könnte,
hat auch noch nie geschadet.
Warum soll man sich das Leben nicht
so angenehm wie möglich machen,
auch im Garten?

Tipps & Tricks

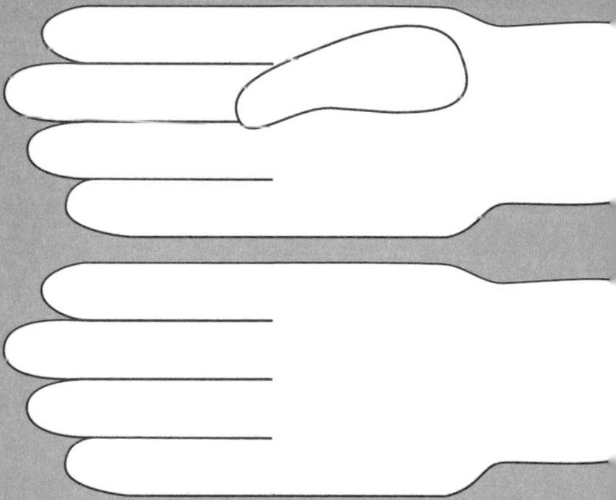

Hand braucht Schuh

Weil praktisch sind sie schon, die Handschuhe, wobei kosmetische Kleinigkeiten wie Fingernageloptik echten Gartenmenschen echt egal sind.

Wir erkennen einander, und zwar ungefähr ab März. Unser Händedruck ist rau, hart, erdig. So einen Handschlag wie wir hat überhaupt sonst niemand. Wenn Gärtnerpranke zu Gärtnerpranke findet, bedarf es keiner weiteren Worte. Alles ist dann klar.

Wie bitte? Aber nein! Gärtner und Gärtnerinnen sind selbstverständlich nicht die besseren Menschen, etwa die mit Handschlagqualität oder so. Wir spielen ja nicht Adalbert Stifters „Nachsommer“ hier. Leute mit Garten haben nur – nach Hochofenarbeitern und Friseuren – die erledigtsten Hände, und die erkennt man allerorten sofort. Zum Beispiel an der Supermarktkassa, wo man gerne in der Warteschleife stehend nicht ohne Genugtuung beobachtet, wie die Kassiererin die Kundschaft durch erbarmungsloses Tempo in die Verzweiflung hetzt, bevor man selbst dran ist. Ist der Blick einmal geschärft für die unterschiedlichen Hand-Zustände, kann man da seine schrundigen Wunder erleben. Gepflegteste Damen packen mit Pratzen zu, vor denen man sich am helllichten Tag fürchten kann, kein Witz.

Wenn man sich auf dieses Spiel lang genug einlässt, dann deuchen einen mit der Zeit freilich all jene, die mit rosigen Fingerchen und ans Milchweiße grenzenden Fingernagelüberständen Hand an was auch immer legen, unheimlich, ja geradezu bedauernswert. Quasi lebensfern und ein bisschen blutleer. Das ist hochmütig, na klar. Aber diese armen Leute leben offensichtlich vorbei an jener Art heroischer Gefühle, wie sie zum Beispiel jene überschwemmen, die nach mehrstündiger Wühlarbeit den Wurzelballen des zuvor gefällten Gestrüpps (im Idealfall eine Thuje oder Konifere, ja! ja! ja!) bezwungen und dem Boden entrissen haben.

Gärtner tun nichts Geringeres, als der Welt mit meistens bloßen Händen ununterbrochen „Haxen ausreißen", seien das die Ausläufer des allseits verhassten Giersch oder die mehrere Meter dem Erdmittelpunkt zustrebenden Wurzeln der gemeinen Zaunwinde, hierzulande Windling genannt. Oder, da wir Übertreibungen lieben, könnten wir auch behaupten, die Schultern des gärtnernden Atlas seien seine Hände. Und das Handgefuhl nach langer Gartenarbeit ist auch etwa so, als habe man die Welt gestemmt. Für ein Weilchen zumindest, und das in Wirklichkeit auch, wenn man – und endlich kommen wir zum Punkt – Vorkehrungen in unterschiedlicher Form trifft.

Die Vernunft besagt Folgendes: Hände vor der Gartenarbeit fett eincremen. Fingernägel in ein Stück weiche Seife krallen, damit dem Dreck gewissermaßen abwaschbare Barrieren vorgeschoben sind. Hände mit Gartenhandschuhen umhüllen. In den Glaubenskriegen, die um die Beschaffenheit der Handschuhe toben, mischen wir uns lieber nicht zwischen die Leder- und Gummi-Fronten, merken aber an, dass es Menschen gibt, die nach dem Handkontakt mit der Erde zu echt unangenehmen, schmerzenden Schrunden neigen, und diese entzündeten

Klüfte an den Fingern lassen sich auch mit Handschuhen nicht immer vermeiden. Es sei denn, man kauft sich diese ganz feinen Zwirnhandschuhe, die unter den Gartenhandschuhen getragen werden können.

Das Hauptproblem liegt aber natürlich ganz woanders: Kein normaler, seinem Garten verfallener Mensch lässt sich von seinen im Augenblick ungeschützten, nackten Fingernägeln oder Handflächen davon abhalten, beim Durchschreiten des Gartens zufälligerweise erblickte Unkräuter möglichst wurzeltief auszureißen, unerwünschte Steine aus Rabatten zu klauben oder von Regenwasser entwurzelte Setzlinge augenblicklich mit nackten Händen wieder im Erdreich zu verankern. Wer denkt schon an Creme, Seife, Handschuhe, wenn es Dringlicheres zu tun, Pflanzenleben zu retten gilt?

Tipp:

Für den Notfall – der unweigerlich mehrfach pro Saison in jedem Gärtnerleben eintrifft – zur Wiedergutmachung ein Tipp: Das optimale Handscheuermittel ist ein Löffel feiner Kristallzucker plus irgendein Öl. Das darf ruhig ein wenig duften, muss aber nicht. Ein paar Minuten mit dieser Mischung die Hände gut reiben, abwaschen und das Gefühl, Butterkrebsfinger zu haben, genießen.

Jedem sein Pläsier

Über die unterschiedlichen Strategien städtischer und ländlicher Beutezüge in Mutter Naturs Frühlingswarenkorb.

Beginnen wir mit der Stadt und ihren Bewohnern, zumal mit jenen, die in dem Wienerwald benachbarten Gefilden beheimatet sind. Dort gedeiht im Frühling im Schatten der wunderbaren Buchenwälder insbesondere der Bärlauch, und distinguierte Großstädter und Großstädterinnen eilen gerne wochenends mit Körben und Messerchen in den Wald, um dort die Delikatesse einzusammeln.

Allium ursinum wird die krautige, mehrjährige Pflanze genannt. Warum, das weiß keiner so genau. Angeblich labten sich früher, als es sie hier noch gab, die Bären gerne an dem mild-würzigen Blattwerk, sobald sie aus ihren Winterschlafhöhlen gekrochen und sich die blinzelnden Augen gerieben hatten.

Eigentlich eine heitere Vorstellung: Braune Pelzgestalten im Buchenwalddämmer, die wie Kühe die saftig grün mit Labberblättern bewachsenen Hänge abgrasen und sich die Wänste mit Bärlauchspinat vollschlagen.

Apropos Kühe, dieses Stichwort bringt uns in weiter abgelegene, rustikalere Regionen, wie zum Beispiel die Steiermark. Dort kommt der Bärlauch zwar auch gelegentlich vor, doch ist diese Gegend im Frühjahr viel eher für ihre Röhrlsalatkultur bekannt.

Der Röhrlsalat wird aus den frischen, möglichst jungen Blättern des Löwenzahns zubereitet. Mit ein paar gekochten Erdäpfelscheiben gemischt und milde abgemacht ergibt die

Angelegenheit eine lukullische Frühlingsspeise. Zumindest der Name des Löwenzahns scheint nicht so weit hergeholt, wenn man die gezahnten Blätter dieser außerordentlich vitalen, weit verbreiteten, um nicht zu sagen streckenweise in fast schon lästigen Massen auftretenden Pflanze betrachtet.

Was aber hat die Kuh mit dem Bären und dem Löwen zu tun? Folgendes: Der Löwenzahn neigt in seinen späteren Altersphasen zu einer gewissen Verbitterung, sprich, seine Blätter sind wirklich nur im Jugendstadium mit Genuss verdaulich. Es sei denn, sie werden vor dem Sonnenlicht abgeschirmt, und das erfolgt zum Beispiel auf quasi natürlich-symbiotischem Weg auf jenen Weiden, auf denen im vergangenen Jahr die Kühe nicht nur die Gräser gemalmt, sondern auch ihre fladigen Verdauungsprodukte haben liegen lassen.

Es ist jetzt kein Schmäh (=Witz), wenn wir hier erzählen, dass manch Steirer, manch Steirerin um die verborgenen Vorzüge dieser Weiden genau Bescheid weiß und im Frühjahr unter den abgetrockneten Kuhfladen die hellen, gelben, von Sonnenstrahlen noch nicht verbitterten Junglöwenzähne zu ernten pflegt.

Das mag die distinguierte Städterschaft nun in Abscheu versetzen. Doch was ist schon dabei? Andere heizen mit Kuhfladen. Und wieder andere schätzen den Kaffee aus Bohnen, die die Verdauungstrakte von in Madagaskar beheimateten Lemuren passiert haben und dort einer gewissen Fermentierung ausgesetzt waren, was dem Kaffee angeblich ein ganz einzigartiges Aroma verleiht.

Wer's ganz leicht zivilisierter mag, kann die Kuhflade ganz einfach durch Blumentöpfe ersetzen und diese umgedreht über ausgewählte Löwenzähne stülpen. Die Franzosen machen das schon lang. Vielleicht haben auch wir hier jetzt eine neue Mode angezettelt, und schon bald sind die Wienerwaldwiesen mit Blumentöpfen übersät wie früher die Weiden mit Kühen. Eine herrliche Vorstellung. Weil Bärlauch oder gezüchtete Löwenzähne zu kaufen ist ja langweilig im Vergleich zur Jagd auf die Wilden unter den Pflanzen.

Tipp:

Wer Röhrlsalatvariationen ausprobieren und Bärlauchallerlei abseits eingefahrener kulinarischer Bahnen versuchen will, ist mit dem Küchenratgeber „Bärlauch und Rucola" von Regina Freygang und Maike Jessen gut bedient. Löwenzahnsalat mit Nüssen und Salami oder Bärlauch-Schnecken – die Saison der Frühlingsgrünspeisen ist eröffnet.

Weg mit ihnen

Eine gewisse Rücksichtslosigkeit muss üben, wer zwischen seinen Pflanzen froh leben will.

Zuerst eine kleine Geschichte, um den Weg zum Licht zu verdeutlichen: Es handelte sich um einen Gummibaum *(Ficus elastica)* und sein Alter war ungewiss. Fest stand lediglich, dass es beträchtlich sein musste.

Denn kein Mensch konnte sich mehr daran zurückerinnern, welcher Ahn der Familie M. diese Pflanze einst in grauer Vorzeit als Pflänzchen ins Haus gebracht hatte. Außerdem war das Gewächs zu einer derart monströsen Größe herangewachsen, dass es das gesamte Wohnzimmer mit mattglänzendem Blattgrün auszufüllen begann.

In einem gewaltigen Blumentopf in einem mittlerweile nur noch kriechend zu erreichenden Zimmereck nahmen unter schattigem Dickicht mehrere Gummibaumstämme ihren Ursprung. Im Laufe der Zeit hatte man die immer länger werdenden, sich ständig verzweigenden, sich also gewissermaßen selbst multiplizierenden Äste freudig gestützt und an den Wänden und an der Decke entlang angebunden und gezogen.

In Schlingen und Schleifen wucherte dieser Gummibaum, und er verwandelte das, was einst ein niederösterreichisches Wohnzimmer gewesen war, zu einer exotisch anmutenden Dschungellaube, aus deren unergründlichen Tiefen man unwillkürlich dem Schrei des Jaguars zu lauschen geneigt war.

Über viele Jahre war man stolz auf diese offensichtliche Demonstration zimmergärtnerischen Talents, und alle paar Monate rückte das Familienoberhaupt persönlich mit Leiter, Kübel und Wischtuch aus, um über mehrere Tage hinweg jedes einzelne Gummibaumblatt vom Staub zu befreien und blankzuwienern.

Doch irgendwie wurde die Sache immer ungemütlicher, und dann kam der Moment, da auch der Essplatz unter der Vegetation quasi verschwand wie die Tempel Angkor Wats unter den Urwaldschlingern. Als sich schließlich die Dame des Hauses gezwungen sah, die Sonntagsschnitzel in gebückter Haltung zu servieren, war ein kathartischer Moment erreicht. „Es ist genug!", sprach sie, und was folgte, war ein Befreiungsschlag für die gesamte Hausbelegschaft. Erst fielen ein paar Stämme. Dann noch ein paar. Dann verfiel man in einen Rausch und erlegte den Gummibaum vollends mit Scheren, Sägen, Zangen. Nachdem das große Zimmer freigelegt und neu ausgemalt war, schritt die Familie M. aufrecht und befreit durch die wiedergewonnene Räumlichkeit, man beglückwunschte einander und stellte sich die Frage, warum man eigentlich so lange mit der Beseitigung des Ungetüms gewartet hatte.

Weil wir alle unsere Pflanzen lieben, natürlich, und dabei oftmals mit Blindheit geschlagen sind. Weil wir auch hässliche, überalterte Kreaturen hingebungsvoll pflegen. Und weil manche von ihnen die Tendenz entwickeln, uns nachgerade tyrannisch zu regieren. Das gilt für den Topfgarten drinnen genauso wie für die großen Pflanzen draußen. Und gelegentlich muss man die Kraft aufbringen, sich von manchen Exemplaren rücksichtslos zu trennen.

Wenn Zimmerpflanzen zu kränkeln beginnen und auch nach allen Regeln der Verarztung weiterkrüppeln – hinweg mit ihnen! Wenn die große Komposition draußen durch einzelne Ausreißer gestört wird - ausgraben und versetzen, oder fällen!

„Ganz sicher", schrieb zum Beispiel die Schriftstellerin und Gärtnerin Vita Sackville-West in einer ihrer berühmten Gartenkolumnen, „ganz sicher beruht das erfolgreiche Gärtnern zum großen Teil darauf, dass wir jede Pflanze, die uns nicht gefällt, rücksichtslos ausreißen. Mag es auch herzzerreißend sein, einen Baum, den wir vor Jahren setzten, zu fällen - es ist doch das einzig Richtige, wenn er uns im Weg ist und anderen die Sonne wegnimmt."

Genau. Her mit Äxten und Scheren, mit Kettensägen und Befreiungsschlägen. Und was die ewigen Kümmerer anlangt, fand die Herrin der Gärten von Sissinghurst Castle ebenfalls deutliche Worte: „Weg mit ihnen! Schwächlinge müssen geopfert werden; so wollen es die strengen Gesetze der Natur."

Tipp:

Sollten Sie als gärtnernder Mensch Vita Sackville-West (1892–1962) in Wort und Schrift noch nicht begegnet sein, schließen Sie am besten sofort Bekanntschaft mit ihr. Die ideale Einstiegsdroge heißt „Aus meinem Garten. Einfälle und Ratschläge". Im Winter, schreibt sie zum Beispiel, sollte man sich hinsetzen und nachdenken, in Samenkatalogen blättern und den großen Plan entwerfen, wie man im Frühling alles wieder angehen wird.

Warten auf den Wind

Oder soll man die Laubmassen vielleicht selbst zu Haufen raffen?

Also es ist so: Im Herbst fallen, wie jeder bemerken dürfte, sehr viele Blätter von Bäumen und Sträuchern ab. Das ist an sich äußerst begrüßenswert, denn erstens sind diese gewaltigen Laubmassen der Treibstoff des ewigen Humuskreislaufs und zweitens dürfen Gärtner etwa ab diesem Moment in eine Art kurze, aber erquickliche gärtnerische Winterohnmacht sinken.

Doch halt! Bevor die ohnehin äußerst befristete Winterruhe einkehrt, muss noch ein wenig geschuftet werden – oder besser gesagt, ziemlich gerackert, je nach Gartengröße und Baumhöhe. Laubrechen nennt sich das und sollte in seiner physischen Dimension nicht unterschätzt werden, weil Leute, die den Sommer nicht mit dem manuellen Wenden von Heu auf steilen Bergmatten verbracht haben – also wir alle –, ermangeln gewöhnlich empfindlich jener Muskelpartien, die beim Rechenschwingen so strapaziert werden.

Es ist also ab einer bestimmten Gartengröße und der zu erwartenden Laubmenge dringend eine Ökonomie der Kräfte angesagt, und zum Glück kann man es sich, schlau angelegt, ziemlich leicht machen.

Erstens: Übertriebenes Laubklauben ist sowieso aus mehreren Gründen prinzipiell zu vermeiden. In Rabatten, unter Büschen, zwischen Stauden bleiben die alten Blätter auf jeden Fall liegen. Denn: Kein besserer Dünger ist weit und breit in Sicht als das besonders schnell verrottende Laub.

Dazu kommt: In Blättern und Stingeln überwintern viele kleine Tierchen, die im kommenden Frühjahr ganz unentbehrlich sein werden, wenn es um das Blattlausfressen (Marienkäfer) oder Schneckenvernichten (Laufkäfer) geht. Des Weiteren hält die Laubschicht feucht und warm, wessentwegen größere Laubmengen auch über empfindlichere Pflanzen wie zum Beispiel die Artischocken gehäufelt werden sollten.

Sie bemerken schon: Je mehr man davon hat, desto besser! Es sei denn, Sie kultivieren Parks mit Versaillesansprüchen. In diesem Fall verfügen Sie aber sowieso entweder über eine Gärtnertruppe oder über so viel Arbeit, dass Sie keine Zeit haben, Gartenbücher zu lesen. Es gibt im Garten nur einen Ort, an dem altes Laub letztlich wirklich kontraproduktiv ist, und das ist der Rasen. Denn der erstickt unter Laub- und Schneeschichten. Merke: Je weniger man davon also hat, vom Rasen, desto besser!

Aber bitte. Wenn schon Rasenflächen gepflegt werden müssen, dann kann man die Zeit zwischen der ersten abtrudelnden Blattvorhut und der plötzlich herniederraschelnden Masse getrost bei Tee und Kuchen in abwartend beobachtender Haltung verbringen. Erst wenn alles Blattwerk abgefallen ist, schreite man zur Tat. Das passiert nach wochenlangem Geriesle mit einer überraschenden Plötzlichkeit – und im Idealfall kommt eben jetzt ein heftiger Sturm auf, der alles in irgendwelche Ecken fegt, wo dann laubgeerntet werden kann.

Dieser Idealfall tritt immer irgendwann ein, muss aber vor dem ersten heftigen Regen oder – furchtbar! – Schneefall erfolgen. Es kommt also ganz auf Ihre Nerven und Ihr

Abwartevermögen an, inwieweit Sie zum richtigen Zeitpunkt zum Rechen springen, sich von den Mächten der Natur helfen oder selbigen versäumen und sich ärgern lassen.

Wie auch immer: Das Laub kommt auf den Kompost, wo es binnen weniger Monate zur besten Komposterde reift, die der Gärtner mit glasig-beglücktem Blick durch die Finger rieseln lassen kann. Ob Container oder sturmsichere Ecke ist Geschmackssache. Den Rest erledigen Würmer, Bakterien, Pilze und diverses Kleingetier, während die Gärtner Winterschlaf halten.

Tipp:

Die Lieblingsbeschäftigung in Winterwachphasen kann das Gartenbücherlesen sein, so zum Beispiel den Band „Gartenwelten. Südtiroler Porträts" von Gudrun Sulzenbacher (Text) und Maria Gupp sowie Howard Sooley (Fotos). 30 Gärten werden vorgestellt und wecken die Besichtigungslust.

Alte Hüte

Erziehung tut not, auch bei Bäumen. Aber wie?

Leute, die sich keinen Garten als Haustier halten, haben überhaupt keine Ahnung, welche Sorgen und Plagen ihnen erspart bleiben. Gelegentlich wäre es wirklich nett, keinen Garten zu haben, echt!

Das hieße: Kaffeehaus statt Werkzeugschuppen. Gastgarten statt Rasenmähen. Kino statt Laubrechen. Ausstellungen anschauen statt Misthaufen umsetzen. Gepflegtes Tennis- oder Golfspiel statt Erde durchwerfen. Völlige Gleichgültigkeit gegenüber jeglicher Witterung, und zwar täglich. Beispielsweise absolute Ignoranz in Sachen Morgenfrost – was kann der überhaupt? Des Weiteren Sorgenfreiheit gegenüber scheinbaren Petitessen wie Wühlmäusen, Blattläusen, Mehltau, Rosenrost, Knollenfäule, Dickmaulrüsslern (Satanas möge sie hinwegraffen!) und Obstbaumschorf.

So weit nur eine klitzekleine Auswahl diverser Themen, die Nicht-Garten-Typen erspart bleiben, also Menschen, die Supermarktkräutertöpfe für Ökoerrungenschaften halten und gerade einmal alle paar Wochen ihre Hydrokulturgefäße mittels entzückender kleiner Designergießkännchen bewässern – man hat ja nachgerade den dabei weggestreckten kleinen Finger vor Augen …

Schon gut, schon gut. Jetzt machen wir uns der Sünde der Gehässigkeit schuldig, wir wissen es. Doch was uns derzeit wurmt, um in der rechten Terminologie zu verharren, ist unsere eigene Ignoranz: Wie, wann, wo setzt man die richtigen Obstbaumschnitte. Eine entsetzliche, zermürbende, schicksalhafte und zukunftsweisende Frage, die so gut wie unbeantwortbar ist, weil jeder vermeintliche Profi andere Lösungen draufzuhaben scheint.

Wo sind die Zeiten, da landauf, landab fesche Obstbäume meist in Dreierreihen und mit professionellem Augenmaß in den genau richtigen Abständen zueinander gepflanzt in den Gärten standen? Wo sind die alten Männer, die mit Zänglein und Scherchen im Herbst oder im Frühling bedächtig an ihnen herumschnipselten, ohne viel Worte darüber zu verlieren, und die offenbar genau wussten, welches Ästchen zu viel oder in die falsche Richtung gewachsen war? Die nachgerade erahnten, wo welche Knospen durch fachgerecht gesetzte Schnitte zu befördern waren?

Ihre Grundregel hieß: Man müsse einen Hut durch die Krone werfen können, dann sei richtig geschnitten. Schön und gut, aber das hilft uns auch nicht wirklich weiter. Fest steht nur, dass der richtige Erziehungsschnitt schon früh im Bäumchenleben erfolgen muss, dass der Ertrag direkt vom Schnitt abhängt, dass jedes Obst andere Schnittvorgaben hat – und dass man folglich ziemlich viel ziemlich falsch machen kann.

Der eigene Großvater hat das alles noch genau gewusst und – verdammt noch einmal – mit ins Grab genommen. Wenigstens sind feine Erinnerungen geblieben, so zum Beispiel jene an den kalten Herbstmorgen, als er den jungen Williamsbirnenbaum, den wir gemeinsam im Jahr zuvor gesetzt hatten, in die Pflicht nahm und mich um Assistenz dabei bat.

Die unteren Zweige waren rasch gestutzt. Die höher gelegenen bereiteten insofern Probleme, als der alte Mann in seiner Jugend den rechten Arm bei einem Motorradunfall eingebüßt hatte – und mir waren sie zu hoch. Er reichte mir also die Gartenschere, streckte sich mit der verbliebenen Hand nach einem Ast, bog ihn zu sich herab, sicherte seine Lage mit dem Gebiss und wollte sich eben die von mir dargebotene Schere greifen, als die Zugkräfte des Bäumchens überhand nahmen – und mit einem Schnalzer des Opapas Kunstzahnreihen in elegantem Bogen weit über die Baumkrone hinweg in die reifbedeckte Wiese schleuderten.

„Was du ererbt von deinen Vätern hast, erwirb es, um es zu besitzen." Faust, so sagen wir Gärtner, muss einer von uns gewesen sein.

Tipp:

Das optimale Obstbaumschnittbuch ist uns noch nicht in die Quere gekommen – doch zumindest was zierende Gehölze anlangt, sei das Buch „Gehölze richtig schneiden" aus der Reihe Gartentipps der britischen Royal Horticultural Society empfohlen. Darin wird erklärt, warum man schneidet, warum schneiden gesund hält und wie Schnitt und Erziehung die Blüte fördern.

Bibliografische Information der Deutschen Nationalbibliothek
Die Deutsche Nationalbibliothek verzeichnet diese Publikation in der Deutschen Nationalbibliografie; detaillierte bibliografische Daten sind im Internet über http://dnb.d-nb.de abrufbar.

1. Auflage

Umschlagfoto Vorderseite: © Cathrine Stukhard
Umschlagfoto Rückseite: © Okapia
Grafische Gestaltung und Illustration: Eva Gruber;
Die Illustrationen auf den Seiten 4, 7, 21, 27, 31, 40, 51, 54, 58, 71, 74, 95, 129, 141, 155, 159 wurden der Creative Symbol Collection, Vols I + II, von Ingram Publishing Ltd. (www.ingram-publishing.co.uk), London, entnommen.
Lektorat: Elisabeth Hölzl

Gedruckt in der EU.

ISBN 978-3-85033-277-4

Christian Brandstätter Verlag
GmbH & Co KG
A-1080 Wien, Wickenburggasse 26
Telefon (+43-1) 512 15 43-0
Telefax (+43-1) 512 15 43-231
E-Mail: info@cbv.at
www.cbv.at